일러두기

이 책의 고유명사는 국립국어원 외래어표기법에 따르되
현지 발음을 존중하여 표기했습니다.

정지현

북 디자이너가
발견한
책의 도시들

책의 계절

버터북스

PROLOGUE

텍스트라는 경험

책을 향한 나의 첫 설렘은 부산MBC에서 발행한 어린이를 위한 순수 문예지 〈어린이 문예〉로 시작되었다. 매달 잡지가 배포될 무렵이면 TV에서 광고를 했는데, 광고를 본 날부터 매일같이 동네 서점에 들러 책이 입고되기만을 목이 빠져라 기다렸다. 이따금 애독자 선물로 비치볼이나 2단 도시락통, 필통 같은 것을 주기도 했는데, MBC 로고가 커다랗게 찍힌 '굿즈'는 어린 독자의 마음을 설레게 했다.

그 시절 내게 가장 반가운 선물은 단연 도서상품권이었다. 나의 '책 사랑'을 익히 아는 어른들은 도서상품권이 생기면 모아두었다가 건네주곤 했다. 그렇다고 늘 새 책을 살 수는 없는 노릇이어서 동네 친구 집의 책마저 다 읽어버린 나였다.

책에 대한 갈증을 채우기 위해 5학년 때부터 혼자 도서관에 다니기 시작했다. 그때 부산에는 도서관이 많지 않았기 때문에 버스를 타고 한 시간이 걸리는 초읍동의 시립도서관에 가야 했다. 일요일 아침이면 용돈 500원을 들고 도서관을 향해 출발했다. 왕복 차비 200원, 도서관 매점의 샌드위치 300원. 어쩌다 여유가 있어 700원을 가져가는 날은 율무차를 한 잔 뽑아 마시며 제법 어른스러운 휴일을 보낼 수 있었다. 그렇게 2년여를 어린이도서관에 다녔는데, 중학교에 입학하자 사서 선생님이 나를 불렀다.

"지현이는 이번에 졸업했지? 이제 어린이도서관으로 오지 말고 저기 있는 본관으로 가면 된단다."

내게는 그야말로 청천벽력 같은 말이었다.

'그게 무슨 말씀이세요, 선생님? 내 세상은 온통 여기인데 더 이상 오지 말라니요?'

떠밀리듯 본관 앞에 당도한 나는 쉬이 들어가지 못하고 문 앞에 한참을 서 있었다.

'여기는 어른들이 가는 곳인데 내가 가도 되는 걸까? 애들은 나가라고 하면 어쩌지….'

　떨리는 마음으로 겨우 열람실 문을 열자 어린이도서관과는 비교도 안 되게 넓은 공간과 내 키를 훌쩍 넘는 높다란 책장이 나타났다. 커다란 테이블에서 조용히 책을 읽는 어른들. 뛰거나 떠드는 사람도 없었다. 책장 넘어가는 소리와 그림자처럼 사뿐히 서가를 오가는 모습, 진한 종이 냄새를 느끼며 나도 어른의 일원으로 받아들여진 듯 우쭐한 기분이 되었다. 벅차오르는 마음으로 생각했다. '이 많은 책을 전부 볼 수 있다니. 신난다! 미취학 아동 틈바구니에서 굴하지 않고 책을 보던 날들이여, 안녕. 나는 이제 어른의 세계로 떠나!' 어릴 때의 기억 때문인지 지금도 도서관에서 아이들을 볼 때면 예전의 내 모습이 겹쳐진다. 언젠가 저들에게도 마법 같은 '진급'의 순간이 찾아오겠지?

　마냥 책을 좋아했던 어린이는 오랜 시간이 흐른 뒤 책을 만드는 디자이너가 됐다. 광고 디자이너로 일하던 중 북 디자인 회사에서 이직 제안을 받은 것이다. 가끔 그때가 떠오른다. '내가 직접 책을 만들 수도 있다니, 세상에 그런 직업이 있다니. 멋지잖아!'

　북 디자이너로 일을 하다 보니 이제는 가진 거라곤 책밖

에 없을 만큼 책에 둘러싸여 지낸다. 그런데 그것으로도 부족했는지 본격적으로 책을 '보러' 다니기 시작했다. 세계 곳곳으로 떠난 책 여행에서 나는 서점 로고 수집에 열을 올리는 컬렉터를 만나기도 했고, 지난밤 꾼 꿈을 그림으로 그려내는 만화가도 만났다. 도서관 건물의 아름다움을 발견했고, 철학이 깃든 공간의 영향력에 대해서도 생각해보게 되었다. 책을 좋아하지 않았더라면, 책이 있는 공간으로 향하지 않았더라면 일어나지 않았을 일들이다. 책을 통해 알게 된 공간과 책을 둘러싼 사람들의 이야기가 영원히 사라지기 전에 한 권의 책으로 남기고 싶었다.

《책의 계절》은 2018년부터 2024년까지, 7개국 13개 도시의 서점과 도서관, 책에 관련된 거리와 축제를 방문하고 엮은 이야기이다. 나라고 처음부터 서점이나 도서관에 집착(?)했던 것은 아니다. 다만 언젠가부터 어디로 여행을 가든 책이 있는 곳을 빼놓지 않고 찾아갔을 뿐. 그런 내 모습을 처음 자각했을 땐 스스로도 어이가 없었다. '왜 나는 여행지에 와서도 책 생각만 하는 것인가!' 하지만 그 고민은 오래가지 않았다. 색다른 공간에서 타국의 책을 보는 것만으로도 시간이 어떻게 가는지 모를 만큼 즐겁다는 것을 깨달았기 때문이다. 이것은 내게 또 다른 '진급'의 순간이었다.

좋아하는 고양이 그림을 살뜰히 모아두었다가 손님에게 나눠주는 쾨벨린 서점의 할아버지 사장님처럼, 오랫동안 아껴온 나만의 '책의 계절'을 당신과 나누고 싶다. 어느 계절에서든 당신을 만날 수 있다면 참 좋겠다.

2025년, 책의 여름에서
정지현

《빛나는 독자: 독서의 영향에 대한 과학적 연구》
— 프랑크 하케뮐더르 편저(2011)

차례			
프롤로그	텍스트라는 경험		6

네덜란드	100년 전의 신문을 사다		18
암스테르담	아우데만하우스포르트 중고 서점 거리		

네덜란드	머물고 싶은 곳이어야 한다		36
암스테르담	암스테르담 공공 도서관		

네덜란드	서점 속의 예술가들		56
암스테르담	부키우키 독립서점		

네덜란드	장자크 상페를 좋아하세요?		72
라이덴	L. 반 파덴버그 예술 서점		

네덜란드	내게 가장 아름다운 풍경, 책 읽는 당신	86
라이덴	클릭스판 중고 서점	

네덜란드	시집이 된 마을	102
라이덴	벽시 프로젝트	

네덜란드	우주를 담은 벽	118
라이덴	벽공식 프로젝트	

독일	접근이 제한되었습니다	132
베를린	베를린 국립도서관	

독일	당신의 세계와 나의 세계가 맞닿을 때	150
뮌헨	라이너 쾨벨린 고서점	

독일	가볼 만한 여행지로 도서관을 추천할 수 있다면	166
슈투트가르트	슈투트가르트 시립도서관	

독일	**깜짝이야! 나치 문양이 찍힌 책을 발견했다**	180
함부르크	토르스텐 베른하르트 서점	

미국	**마음속에 영구히 남다**	192
뉴욕	프린티드 매터 아트북 서점	

아르헨티나	**서점이 된 오페라극장**	206
부에노스아이레스	엘 아테네오 그랜드 스플렌디드 서점	

벨기에	**책에서 우표까지**	222
브뤼셀	보르티에 갤러리 서점 골목	

일본	**무단 전재와 복제를 금합니다**	238
사가	사가 현립도서관	

일본	**'이상한 것 탐지기'가 울렸다**	250
후쿠오카	후쿠오카 아트북페어	

일본	**선배 컬렉터를 만나다**	274
사가	양학당 서점	

일본	**조금 늦게 도착한 그림책**	292
도쿄	간다 진보초 고서점 축제	

폴란드	**바르샤바, 여름 특집호**	310
바르샤바	코스모스 서점	

폴란드	**아침의 도서관, 밤의 도서관**	330
바르샤바	바르샤바대학교 도서관	

Amsterdam

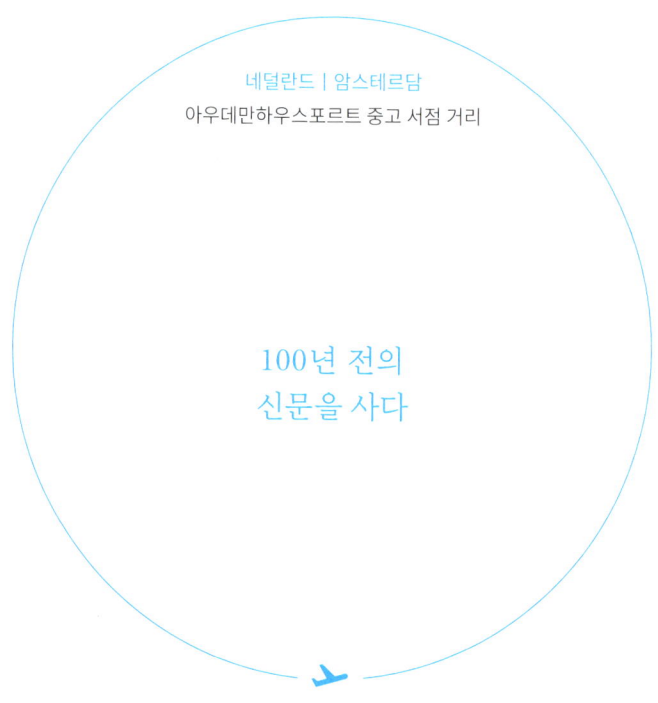

네덜란드 | 암스테르담
아우데만하우스포르트 중고 서점 거리

100년 전의
신문을 사다

　암스테르담은 화려하다. 중앙역을 나와 처음 마주하는 도시 풍경은 흡사 유럽의 화려한 부분만 뽑아 한데 모아놓은 전시장 같다. 물결치는 운하 위로 떠다니는 각양각색의 배, 시가지를 연결하는 1천 300여 개의 다리, 비뚤비뚤 개성 넘치는 네덜란드 특유의 건축물까지. 특별한 목적 없이 그냥 걸어 다니기만 해도 눈이 지루할 새가 없다. 문득 궁금해진다. 이 도시는 예전에 어땠을까. 얼마나 더 화려했을까.

도시 이곳저곳을 산책하는데 일행이 내게 묻는다.

"현지 친구가 이 근처 서점을 소개줬는데 네가 좋아할 것 같아. 한번 가보지 않을래?"

"좋아, 마다할 이유가 없지!"

큰길을 벗어나 주택가에 있는 서점 입구에 다다르니 'BOOKS/ MUSIC/ PRINTS'라고 적힌 입간판 하나만 덩그러니 놓여 있다. 과연 유럽 서점에게 간판이란 무엇일까. 눈에 띄어도 그만, 안 띄어도 그만인 것일까? 아니면 간판으로 고객을 유인할 이유가 그다지 없는 걸까? 눈에 띄는 간판 하나 없이 오랫동안 한자리를 지켜온 서점 앞에서 역설적으로 그 공간의 역사가 가진 무게감과 존재감을 생각하게 되었다. 매장 앞 골목에 들어서니 터널처럼 생긴 입구가 보인다. 입구를 통과하자 복도형 상가가 나오는데, 실외인 듯 실내인 듯 작은 벙커형 상점이 줄지어 있다. 꼭 개미의 식량창고처럼 생긴 벙커마다 책이 가득하다. 커다란 배낭을 짊어진 여행객과 가벼운 차림의 현지인이 산책하듯 이 길을 오간다. 도심 한가운데에 이런 책방 거리가 숨어 있다니, 다들 어떻게 알고 온 걸까?

아우데만하우스포르트Oudemanhuispoort라 불리는 이 상가는 '노인의 집Oudeman huis'이라는 이름에서 유추할 수 있듯 과거에는 노인 구호소 건물의 통로였다. 지금은 암스테르담 대학교 법학대학 건물의 통로인데, 1879년부터 중고 책과 그림, 각종 인쇄물과 음악 관련 물품을 판매하는 거리로 운영되고 있다. 네덜란드의 화가 빈센트 반 고흐가 이곳에서 책을 사면서 현금 대신 초상화로 책값을 냈다는 이야기도 전해진다. 서점 거리라고 하니 책만 팔 것 같지만, 꼭 그렇지도 않다. 오래된 그림이나 포스터는 물론이고 지도와 사진, 악보와 LP를 판매하는 곳도 있다. 그런데 대부분의 상점이 통로의 창가와

쓰레기통 위까지 상품을 진열해두었다. 매장 면적보다 보유한 물건이 훨씬 많은 모양이다. 말 그대로 책이 놓인 모든 곳이 책장이고 서점인 셈이다.

　쭉 뻗은 복도를 천천히 걸으며 구경에 열심이던 나의 발길을 사로잡은 이는 손님이 오건 말건 개의치 않고 가게 앞 의자에 앉아 책을 읽는 책방 사장님이었다.

책 읽는 책방 주인이 뭐 그리 새삼스러울까 싶지만, 보고 또 보아도 멋지다. 그 모습을 한동안 바라보다 생각했다. '나도 책 읽고 싶다!' 역시 눈앞에서 책을 읽는 사람만큼 독서 욕구를 자극하는 것은 없나 보다. 어떤 책을 읽는지 표지를 확인하려고 나도 모르게 얼쩡거리게 되니 말이다.

　서점 앞 매대에 놓인 책을 구경하다가 구석에 쌓여 있는 종이 더미를 보았다. 뭔지 모르지만 느낌이 온다. 손대면 먼지가 폴폴 날릴 듯 누렇게 삭은 종이들. '흐-읍!' 먼지 알레르기 보유자인 나는 재빠르게 숨을 참았다. 그리고 바다에서 낚시하듯 종이 더미를 건져 조심스레 펼쳐보았다. 알록달록한 표지의 일러스트가 눈에 띄는 이것은 〈르 펠-멜레 Le Pêle-mêle〉, 그러니까 '뒤죽박죽'이라는 제호의 프랑스 신문이다. 이름부터 장난스러운 것을 보니 평범한 일간지는 아닌 것 같다. 그런데 이 신문, 1908년에 발행됐으니 무려 117년 전의 물건이 아닌가! 이곳에서야 흔하디흔한 고문서 중 하나겠지만, 내 손으로 직접 만져본 문서 중에는 가장 오래된 것이다. 평소 신문 아카이브에서 광고 디자인을 찾아보는 취미가 있는 나는 시간 가는 줄도 모르고 남의 나라 옛날 신문을

구경했다. 비록 종이는 누르스름해졌어도 어디 한 군데 찢긴 곳 없이 보존 상태가 아주 좋다. 그래서 발행일을 보기 전까지 100년이 넘었을 거라고 짐작조차 하지 못했다. 우리나라 신문이 컬러 인쇄를 시작한 해가 1966년인데, 형광 색조가 인쇄된 1908년의 신문이라니. 인쇄업의 발전 속도를 새삼 실감한다.

〈르 펠-멜레〉는 1895년부터 1930년 사이에 발행된 프랑스의 주간 유머 신문으로, '모두를 위한, 모두에 의한 Pour tous, Par tous'이라는 구호를 내세웠다. 크기는 A4용지 정도이고

14ᵉ ANNÉE – N° 44   10 Centimes   1ᵉʳ Novembre 1908.

Le Pêle-Mêle
POUR TOUS & PAR TOUS

FRANCE : UN AN **6 fr.** SIX MOIS : **3 fr. 50**	**Journal Humoristique Hebdomadaire**	Tous les articles insérés restent la propriété du
ÉTRANGER : UN AN **9 fr.** SIX MOIS : **5 fr. »**	7, Rue Cadet, 7, PARIS	journal. — La reproduction en est interdite à tous
On s'abonne dans tous les Bureaux de Poste	LES MANUSCRITS NE SONT PAS RENDUS	ceux qui n'ont pas de traité avec le *Pêle-Mêle*.

AU SÉNAT; par Luc LEGUEY.

— Les sénateurs sont presque tous chauves, ce qui fait vilain effet dans cette vénérable assemblée et cause bien des rhumes.

Le *Pêle-Mêle* a donc eu la délicate attention de leur faire distribuer de ravissantes perruques indiquant la nuance politique de chacun de ces messieurs. On remarquera qu'elle est parfois indécise.

상원에서 Au sénat

(위) 상원 의원들은 거의 모두 대머리인데, 이 사실은 존경받는 의회에 추악한 영향을 미칠 뿐만 아니라 감기를 유발합니다.

(아래) 이에 〈르 펠-멜레〉는 의원들이 저마다 정치적인 입장을 나타내는 아름다운 가발을 쓰도록 세심한 주의를 기울였습니다. 이제 독자 여러분은 정치적 입장이 때론 명확하지 않다는 걸 아실 겁니다.

16페이지에 걸쳐 인쇄됐는데, 지면마다 여러 일러스트레이터의 그림이 게재돼 있다. 대부분 풍자화라 당시 시대상을 모르고는 그림 속의 맥락을 완벽히 알기가 쉽지 않아 보인다.

먼저 화려한 색감과 만화적 발상이 눈에 띄는 표지부터 살펴보자.

1908년 11월 1일에 발행된 제44호. 프랑스의 일러스트레이터 뤽 르게이 Luc Leguey, 1876-1940가 그림을 그렸다. 르게이는 포스터와 풍자만화, 광고 삽화 등을 작업했는데, 청소년 대상으로 발행된 프랑스 주간지 〈라 주네스 일뤼스트레 La Jeunesse Illustrée〉에 만화를 연재했다고 한다.

마키아벨리즘 Machiavelisme

- 따님과의 결혼을 허락해주십시오!
- 살림살이는 어느 정도 되시오?
- 저는 공무원입니다. 한 해에 2천 500프랑을 법니다.
- 그거 참 안됐군, 신사분. 제 여식은 더 좋은 짝에게 시집 보낼 수 있겠소. 제가 딸아이에게 지참금으로 50만 프랑을 준다는 걸 생각해보시오.

(다음 날)

- 안녕하십니까, 선생님. 또 접니다.
  선생님의 재정 상황에 대한 진술을 들으려고 찾아왔습니다.
  제가 사실… 소득세 조사관이거든요.

표지를 지나 내지에 이르면 풍자만화 모음집이라 해도 과언이 아닐 만큼 여러 작가의 익살스러운 그림을 볼 수 있는데, 그림의 소재도 다양해 보인다. 그중 서양식 유머에 약한 내가 유일하게 웃음을 터뜨린 그림 하나를 여기 소개하고 싶다.

단 두 컷으로 이뤄진 이 짧은 만화의 제목은 마키아벨리즘, 말하자면 '권모술수'다. 소득세 조사관이야말로 '정치적 목적을 달성하기 위해서는 수단과 방법을 가리지 않아야 한다'는 마키아벨리식 사고를 제대로 보여주는 걸까? 다른 만화와 달리 이 만화는 프랑스의 시대상을 알지 못해도 금세 이해가 되었다. 자식을 결혼시킬 때 상대 집안의 소득을 가늠하며 체면이나 금전적 이익을 따지는 풍경이 한국에만 있는 것은 아닌 모양이다. 이 그림에는 또 다른 이야기가 하나 있다. 그림을 그린 작가는 'Haye'라는 서명을 사용하는 프랑스의 화가 루시앙 헤이Lucien Charles Haye인데, 그의 아버지가 바로 소득세 조사관이었다는 것! 작가들이 종종 주변에서 이야기 소재를 얻는다는 것을 익히 알고 있지만, 막상 이 그림을 본 그의 가족이 어떻게 반응했을지가 사뭇 궁금해진다.

아우데만하우스포르트는 영업이 종료되면 앞뒤 출입문을 완전히 봉쇄해버린다. 주소에 의지해 골목 앞까지 찾아가

더라도 영업시간이 아니면 상가의 모습을 전혀 찾아볼 수 없다. 하지만 운 좋게 이곳에 발을 들인다면 반 고흐가 책을 사러 다니던 시절로 시간여행한 기분이 들 것이다. 어쩌면 그의 흔적을 발견할 수 있을지도 모른다. 아주 작은 흔적부터 시작해 퍼즐을 맞추듯 좋아하는 인물이나 작품의 뒷이야기를 하나씩 찾다 보면 어느 순간 생각지도 못한 멋진 그림이 완성될지도 모른다.

117년 전의 신문을 사서 돌아오는 길. '제2외국어였던 프랑스어를 좀 더 열심히 공부할걸…' 하고 아쉬워하며 번역 앱을 켰다. 수수께끼 같은 캡션을 띄엄띄엄 읽으며 내용을 추리하다 보니 아우데만하우스포르트에 처음 들어서던 순간이 문득 떠올랐다. 이제 이 신문을 꺼내 볼 때마다 그 책방 골목에 있는 기분이 들겠지? 이렇게 책의 계절을 기념할 나만의 기념품이 또 하나 생겼다.

아우데만하우스포르트 중고 서점 거리 Oudemanhuispoort
Oudemanhuispoort 14, 1012 CN Amsterdam, 네덜란드
매일 09:30-20:00
실제 영업시간은 매장마다 조금씩 다르며 모든 매장이 문을 열 확률이 가장 높은 시간대는 오후 2시에서 5시까지이다. 통로 입구쪽 매장인 '북스포라이프(Books 4 Life)'를 찾으면 비교적 덜 헤맬 수 있다.

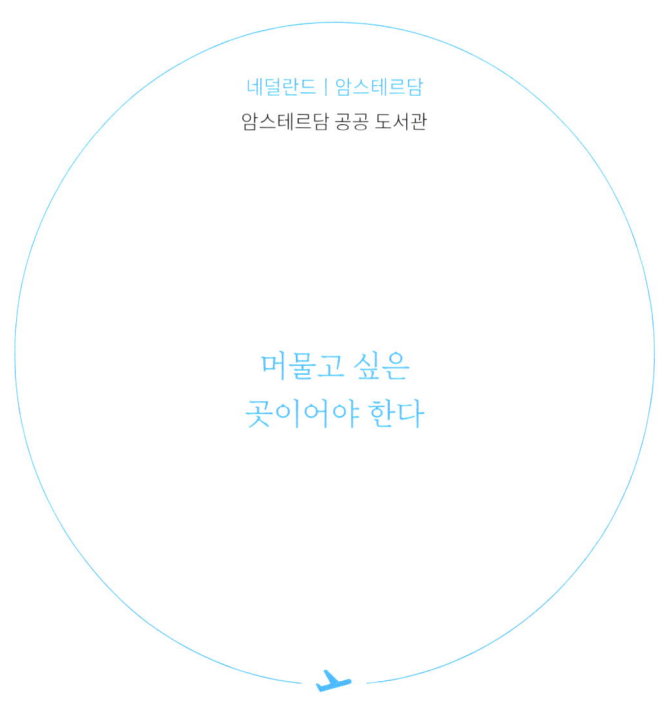

네덜란드 | 암스테르담
암스테르담 공공 도서관

머물고 싶은
곳이어야 한다

'도서관' 하면 곧바로 떠오르는 이미지가 있다. 공공 건물에서 흔히 볼 법한 사무용 가구와 백색 조명, 그리고 '실내정숙'으로 대변되는 분위기…. 물론 독서가 공부의 한 방법이긴 하지만, 목적 없이 책을 읽는 독서가에게 때로 그런 분위기가 답답하게 느껴지기도 한다. 도서관 공간을 표현할 때 떠오르는 말이 '현대식'이라면 이것 역시 좀 아쉽다. 물론 독서를 하려면 조용한 공간과 테이블, 의자, 적절한 조명이 필수적이다.

그러나 그만큼 중요한 것이 '공간의 분위기'라고 생각한다. 꼭 학습용 의자가 아니더라도, 대낮같이 밝지 않아도 독서에 적합하게 조성된 분위기 속에서는 어느 정도의 불편함은 개의치 않게 되니 말이다. 눈의 피로를 덜어주는 밝은 빛이 필요하겠지만, 반드시 전체 공간의 조도가 동일해야 할까? 긴장된 마음을 풀어주고 자신도 모르게 책으로 눈 돌릴 여유를 만드는 것은 빛의 질감 중에서도 '은은함'이 해내는 일이다.

암스테르담 공공 도서관Openbare Bibliotheek Amsterdam, 약칭 OBA은 내게 여러 면에서 깊은 인상을 주었다. 무엇보다도 도서관 자체가 대단히 개방적이다. 구조만 보면 백화점이나 쇼핑몰과 비슷한데, 도서관의 각 구역을 방처럼 나누지 않고 위아래, 사방을 트인 채로 두었다. 그래서 중앙 에스컬레이터를 타고 이동하다 보면 전층의 컨셉이 한눈에 들어온다. 어떤 의미에선 도서관의 용도도 쇼핑몰과 다르지 않겠다는 생각을 하며 1층부터 둘러보는데, "까르르!" 하는 아이들의 기분 좋은 웃음소리가 들려온다. 소리를 따라가니 한 층 아래 어린이 열람실에 모여 있는 아이들의 모습이 보인다. 어른과 아이의 공간을 분리하는 방식에 익숙한 내게 이 장면은 어리둥절하면서도 흥미로웠다. '도서관=실내정숙'은 절대 불변의 공식이 아니었구나!

어린이 열람실의 주된 이용자는 아이가 있는 가족 방문객이다. 아이와 나란히 앉아 책을 읽어주는 어른들을 보며 내 발길도 그쪽으로 향했다. 여행지에 갈 때마다 그림책을 구매하는 나로선 절대 지나칠 수 없는 그림책 세상이 펼쳐졌다. '나도 나에게 그림책을 읽어줘야지!' 나는 꼬마들에게 질세라 책을 산더미처럼 쌓아놓고 빠른 속도로 넘겨보았다. 그러다가 글 없이 그림으로만 이루어진 책 한 권에 눈길이 멈췄다. 마레예 톨만Marije Tolman과 로날트 톨만Ronald Tolman 부녀의 그림책 《책Het Boek》(2017)이다.

주인공 아기 코끼리는 길을 걸으며 책을 읽는다. (나도, 나도 그렇다!) 책에서 눈을 떼지 않고 앞으로 무작정 걸어가는 동안 코끼리의 주변은 변화한다. 남극에서 펭귄에 둘러싸이기도 하고 호랑이가 책을 읽는 마을에도 도착하지만, 정작 코끼리는 책에 빠져 주변 상황이 어떻게 돌아가는지 전혀 눈치채지 못한다. 이것은 코끼리가 실제로 도착한 세계를 그린 것일까, 아니면 책 속에서 만난 이야기의 세계를 그린 것일까? 어쩌면 독서라는 세계에 보내는 작가의 찬가인지도 모르겠다는 생각이 들었다. 정신 없이 책을 읽다가 시계를 확인하고는 마음이 바빠

졌다. 아직 보지 못한 그림책도 많지만, 보지 못한 층은 더 많다. 아기 코끼리처럼 책에 정신이 팔린 나야말로 그림책 나라에서 그만 빠져나와야겠다.

    에스컬레이터를 타고 도착한 5층은 개인 작업을 할 수 있는 공간이다. 낮고 따뜻한 조명, 여러 형태의 테이블이 갖춰져 있어 사진만 보면 서울 합정동에 있는 카페라고 해도 믿을 것 같다. 따로 또 같이 일하는 사람들을 보며 나도 마음에 드

는 자리를 하나 '찜'해두었다. 4층 예술 서가로 내려와보니 의외의 물건과 눈이 마주쳤다. 피아노! 예술 서가라는 특징을 보여주기 위한 장식품인가 했는데, 원하면 누구나 연주해도 되는 진짜 피아노였다. 내가 다른 층으로 이동할 때쯤 누가 연주를 시작했는지 피아노 소리가 아스라이 울려 퍼졌다. 아주 빼어난 연주는 아니었지만 서프라이즈 이벤트처럼 느껴져 듣기 좋았다. 그렇다. 도서관에는 낭만이 좀 필요하다.

다시 에스컬레이터를 타고 이번에는 문학 서가가 있는 2층에 내렸다. 가장 먼저 눈길이 닿은 건 작가들의 육필 원고와 소장품을 전시한 진열장이다. 작가가 지인들과 주고받은 편지나 메모도 보인다. 그런데 줄을 그어 지운 문장이 훗날 이렇게 공개되다니… 괜스레 작가에게 감정이입하게 된다.

평소 남의 글씨체를 감상하는 취미가 있는 나는 이런 기획을 꽤 좋아하는 편이다. 디자인 작업을 할 때 교정지에서 만

나는 편집자의 글씨도 좋아한다. 좀 더 어렸을 때는 편지나 일기를 주고받던 친구들의 필체를 따라 써보기도 했다. 사람마다 글씨체가 다 다르다는 것이, 글씨에서 성품이 드러난다는 것이 흥미로웠다. 작가를 만날 일이 있을 때 사인을 요청하며 한 문장 써주십사 부탁하는 것도 그런 즐거움을 위해서이다.

    이제 책장으로 이동해 신간 표지를 살펴보며 네덜란드의

북 디자인 경향을 살펴볼 차례다. 그런데 표지를 보기도 전에 책등부터가 희한하다. 보통 도서관의 책에는 장르를 분류하고 책의 위치를 알리는 라벨이 붙어 있다. 이런 라벨은 도서 관리를 위한 장치이므로 문자와 숫자의 조합이 일반적이다. 그런데 OBA의 분류 라벨에서는 외계인이나 유령, 권총과 발자국처럼 장난스러운 픽토그램pictogram이 발견된다. 한참 동안 그 자리에 서서 픽토그램이 정말로 책의 키워드를 알맞게 전달하는지 한 권 한 권 살펴보았다. 이 작은 라벨 하나도 공간 기획의 범주에 들어 있다니, 참 신기한 도서관이다. OBA에 대해 여러모로 궁금한 점이 생겼다. 혼자서 짐작만 하기보다 담당자의 이야기를 들으면 좋을 것 같아 이메일로 몇 가지 문의해보았다.

 담당자님께.

OBA를 방문했을 때 뭔가 색다르다는 느낌을 곳곳에서 받았습니다. 크게는 내부 인테리어(특히 가구)에서 작게는 책에 붙은 라벨까지, OBA의 철학이 온전히 느껴졌습니다. 공공장소에서 이런 철학을 감지한 것은 처음이라 신기하기도 했고요. 여러 면에서 사용자의 입장을 고려해 기획했음을 알 수 있었습니다. 다양한 디자인의 고급 의자를 전망 좋은 창가에 둔 것도 인상 깊었습니다.

또 하나 재미있었던 것은 책등에 붙은 라벨입니다. 이 스티커는 분류를 위한 것으로 보이는데, 제가 알고 있던 보편적인 형태와는 달라서 굉장히 눈에 띄었습니다. 이 픽토그램에 대해 설명해주실 수 있나요?

얼마 후 도서관 담당자가 친절한 회신을 보내왔다.

안녕하세요, 지현 씨.

OBA를 방문하고 좋은 시간을 보내셨다니 기쁩니다.

저희 OBA 암스테르담 센터는 2007년에 문을 열었고, 공공 도서관의 기능에 대한 새로운 철학에 따라 지어졌습니다.

전에는 방문객이 들어와서 책을 고르거나 신문을 읽고 떠나는 것 정도가 도서관에서 예상되는 활동이었다면, 새로 정의된 개념에서는 방문객이 오랫동안 머물며 집처럼 편안함을 느끼고, 책을 읽는 것뿐만 아니라 공부, 만남, 음악 감상 등 여러 시설을 두루 사용하도록 유도합니다. 그러다 보니 자연스럽게 인테리어에 대한 요구가 높아졌고, 유명 디자이너의 다양한 가구를 곳곳에 배치하게 되었습니다. OBA에는 크고 작은 30개 지점이 있는데, 그중 일부도 이러한 부분에 대해 관심을 두고 있습니다.

문의하신 픽토그램 라벨은 예상하신 대로 도서 분류를 위한 것이 맞습니다. 소설 분야에 한정된 것이긴 하지만, 아이와 어른 모두를 위해 개발된 장치입니다. 인류는 반세기 동안 픽토그램을 사용해왔기에 그림 문자를 통해 카테고리를 쉽게 식별할 수 있습니다. 간단한 도구이지만 문학 서가 방문객에게는 특히 효과적이지요.

　자부심이 묻어나는 담당자의 메일을 읽으며 고개가 끄덕여졌다. 역시. 그냥 멋만 부린 게 아니었구나. 공간을 만드는 데 철학이 없을 수 없지. 하물며 공공장소인데.

　도서관 창가에 서서 탁 트인 풍경을 내려다보면 빼곡하게 들어선 고풍스러운 건물들이 보인다. 네덜란드 사람들처럼 큰 키를 자랑하는 가로수와의 조화가 시원스러운 것이 달력의 한 페이지를 보는 듯하다. 사실 '달력 사진'이라는 표현은 어느 정도 정형화된 아름다움이라는 뉘앙스를 내포하고 있는데, 지금 눈앞에 펼쳐진 이 풍경이야말로 달력 사진처럼

정형화된 아름다움의 극치이다. 도서관에서 전망이 가장 좋은 자리에는 어김없이 근사한 의자가 창밖을 향해 놓여 있다. 여느 호텔 스카이라운지 부럽지 않다. OBA의 운영 철학이 가장 강하게 느껴지는 공간도 서가가 아니라 바로 이곳이었다. 꼭 책을 읽지 않더라도 이곳에서 쉬고 생각하고 좋은 것을 보게 하는 것. 그것이 그들이 말하는 '새로 정의한 도서관의 개념'이고 운영 방향이라는 것을 알 수 있다.

미감에 대한 기대가 높은 요즘, 우리는 음식의 맛만큼이나 테이블과 그릇 디자인에도 관심을 갖는다. 본격적인 식사에 앞서 공간의 분위기를 음미하고, 음식이 어떤 그릇에 어떤 식으로 담겼는지에 대해 이야기를 나누기도 한다. 도서관은 '책을 담은 그릇'이다. 음식에 따라 담아내는 그릇을 달리하듯, 도서관의 공간에 대해서도 들려줄 수 있는 이야기가 있을 것이다. 그곳이 어떤 도서관이냐고 물었을 때, 현대화된 편리함과 장서를 자랑하는 것만큼이나 아름다움과 철학에 대해서도 이야기할 수 있다면 더욱 좋겠다.

암스테르담 공공 도서관 Openbare Bibliotheek Amsterdam(OBA)
Oosterdokskade 143, 1011 DL Amsterdam, 네덜란드
월-금 08:00-22:00 / 토-일 10:00-20:00
국경일 등 휴무일은 별도 공지 확인
oba.nl

Amsterdam

네덜란드 | 암스테르담
부키우키 독립서점

서점 속의 예술가들

 '암스테르담에서 가장 오래된 독립서점'이라는 부키우키 서점. 내가 절대 거부하지 못하는 마성의 표현 중 하나가 바로 '가장 오래된'이다. 아닌 게 아니라 나는 오래된 공간이나 물건이 선사하는 낭만을 좋아한다. 과거와 현재의 공기가 살포시 포개지는, 두 개의 시간대를 오가는 듯한 순간을 좋아한다. 취신으로 가득찬 시대를 살아가지만 여전히 빛나는 이야기를 간직한 공간을 만나면 내 눈도 반짝인다.

베렌스트라트Berenstraat 16번지에 도착한 지 벌써 10분이 지났다. '또 시작인가. 대체 어디 있는 거지?' 서점 주소지가 있는 골목을 몇 번이나 왕복하다가 혹시 건물 2층에 있는 건가 싶어 벨을 누르려는데, 문을 열고 나오는 사람과 딱 마주쳤다.

"실례합니다! 여기 서점이 어디 있나요? 부키우키라는 서점 말이에요."

그가 손가락으로 알려준 서점의 위치는 허무하게도 내 등 뒤였다.

변명을 해보자면, 화려한 상점가에 있는데도 간판이 없어 매장이 눈에 띄지 않았다. 매장 밖에 놔둔 엽서 가판대를 보고도 관광엽서를 파는 기념품 가게라고만 여긴 것이 결정적 실수였달까. 쇼윈도에 흰색 물감으로 조그맣게 적어둔 서점 이름 'Boekie Woekie'를 살펴볼 여유도 없었으니 나의 길 찾기 점수는 이번에도 0점인 모양이다.

'어쨌거나 서점이 사라진 것만 아니면 되지!'

부키우키의 문을 열고 들어서니 골목의 시끄러움과 단절된 듯 일순간 사방이 조용해졌다. 나는 익숙한 물감 냄새를 맡으며 그림이 잔뜩 걸린 벽을 올려다보았다. 선반에 진열된 책을 보면 서점이 맞긴 한데… 분위기는 예술가의 작업실에 가까워 보인다. 책장을 구경하며 안쪽 서가로 걸음을 옮기는

데 붉은 안경테에 핑크색 목도리를 두른 신사분과 마주쳤다. 멋쟁이 사장님과 잠시 대화를 나누어보았다.

● 지현　▲ 사장님

● 안녕하세요. 공간이 사장님처럼 멋지네요. 안경과 목도리가 정말 근사해요.
▲ 하하하. 이 안경이 멋진가요? 공간이 마음에 든다니 기쁘군요. 어디에서 왔나요?
● 저는 한국의 서울에서 왔어요. 암스테르담은 두 번째 방문인데, 이곳 특유의 자유로운 분위기가 좋아서 다시 와보고 싶었어요. 그런데 사장님께서는 혹시⋯ 화가이신가요? 예술가의 아우라가 느껴져서요.
▲ 맞아요. 나는 그림을 그리고 있어요. 여기 벽에 걸린 그림이 내 작품이고 저쪽 작업실에는 동료들의 그림도 걸려 있어요.
● 동료라면 어떤 동료를 말씀하시는 건가요?
▲ 서점을 함께 운영하고 있는 팀이죠. 네덜란드인, 아이슬란드인, 독일인 이렇게 세 명이 공동으로 운영하고 있거든요. 개업하고 5년 정도는 우리 작품만 진열해서 개인 전시장에 가까웠죠. 그러다가 유럽의 다른 예술가들의

작품도 차차 판매하게 됐고요. 운영팀 전원이 현직 예술가라서 돌아가면서 서점을 지키는데, 오늘은 내가 당번이랍니다.

• 그래서 그림이 많이 걸려 있었군요. 공간 가득한 물감 냄새의 이유를 이제 알겠어요. 이곳을 운영하신 지는 얼마나 되셨나요?

▲ 1986년부터니까… 이제 32년째군요. (2025년 기준으로는 40년째이다.)

• 32년요? 이렇게 오랫동안 한자리에서 동료들과 함께하고 계시다니 정말 멋져요! 한국에서는 잘 보지 못한 사례 같아요. 저는 출판사에서 북 디자이너로 일하고 있어서 여행지에 가면 꼭 서점에 들르곤 해요. 좀 더 특별한 서점을 찾던 중 부키우키의 인터뷰 기사를 읽게 됐어요. 아주 오래전의 인터뷰라 서점이 아직 있을까 걱정하면서 찾아왔어요. 암스테르담에서 가장 오래된 서점이라고 해서 영화 〈해리 포터〉의 골동품 가게 같은 곳을 떠올리면서 말이죠. 그런데 여기 있는 책이나 그림은 전혀 골동품이 아니네요.(웃음) 한국에도 지난 10여 년간 독립서점이 많이 생겼는데, 아기자기하고 빈티지한 점이 부키우키와 비슷해요.

사장님은 서점 내부에 있는 작업실도 소개해주겠다며 내게 손짓했다.

▲ 저도 한국의 서점 소식을 들어서 알고 있어요. 우리 서점은 주로 현대 예술가나 사상가, 작가들의 책이나 잡지를 소개해요. 출판물은 7천여 종이 있고, 작품 비디오나 오디오 테이프도 취급하죠. 전시를 열기도 하고요. 한국의 서점은 어떤가요?

● 음. 제가 서점을 운영하는 건 아니라서 정확히 알지는 못해요. 한국의 독립서점에서는 전업 예술가가 만든 작품으로서의 출판물과 비예술가가 만든 개인의 작품집(또는 에세이)을 두루 취급하는 것 같아요. 이렇게 말하니 '예술가'의 경계가 좀 모호해진다는 생각도 좀 드네요. 특히 출판물은 더 그렇게 되어가는 것 같고요. 예전에 비해 개인이 출판하기 좋은 환경이 되었으니까요. 서점에서는 책 말고도 에코백이나 티셔츠, 볼펜이나 스티커 같은 문구류도 함께 판매해요.

▲ 우리 서점과는 운영 방향이 꽤 다르네요. 참, 10년쯤 전에 한국 잡지와 인터뷰를 했던 기억이 나는군요. 그때 기사에 우리 서점 사진이 많이 실려서 아주 좋았어요.

● 제가 읽은 기사가 바로 그 인터뷰인 것 같아요!(웃음)

그런데 오늘 서점 바로 앞에까지 와놓고 서점을 찾지 못해 헤맸지 뭐예요?

▲ 하하하. 아마 찾기 어려웠을 거예요. 우리 가게는 간판이 없으니까요. 사람들이 자꾸 문을 벌컥벌컥 열고 들어와 허락도 없이 사진을 찍고 내 얼굴 앞에 카메라를 막 들이밀기에 간판을 안 만들었어요.

• 저런! 많이 불편하셨겠어요. 저와 이렇게 이야기 나누는 건 괜찮으세요?

▲ 그럼요! 얼마든지.

• 그렇다면 다행이에요. 좀 전에 사장님을 보았을 때 어쩐지 예술가이신 것 같아 이야기를 나눠보고 싶었어요. 들려주신 이야기도 정말 흥미로웠어요.

• 하하하. 내가 좀 멋지죠? 이야기가 재미있었다니 나도 기쁘군요.

한국에 돌아와서도 서점 소식이 궁금할 때마다 홈페이지에 들어가보곤 했다. 이후 5년이 지나 다시 서점에 방문했을 땐 다른 사장님이 당번을 맡고 있어서 뵙지 못했다. 그러던 중 2023년 12월 24일을 기점으로 베렌스트라트 16번지에서의 영업이 종료된다는 공지를 보았다. 위치가 워낙 중심가인지라 암스테르담의 치솟는 임대료를 감당하지 못했기 때문이라고.

서점이 영영 없어지는 줄 알고 심장이 덜컹 내려앉았는데, 헬데르세카더 39번지Geldersekade 39로 이전해 예전처럼 영업 중이라고 한다. 다행이다. 사라지지 않아 정말 다행이다. 서점 속에 예술가들이 자리한, 예술가들의 서점인 부키우키는 지금도 여전히 '가장 오래된' 독립서점으로, 예술가의 작품이 중심이 되는 갤러리로 암스테르담에 남아 있다. 간판은… 이번에도 만들지 않으셨겠지?

부키우키 독립서점Boekie Woekie
Geldersekade 39, 1011 EJ Amsterdam, 네덜란드
매일 12:00-18:00
boekiewoekie.com

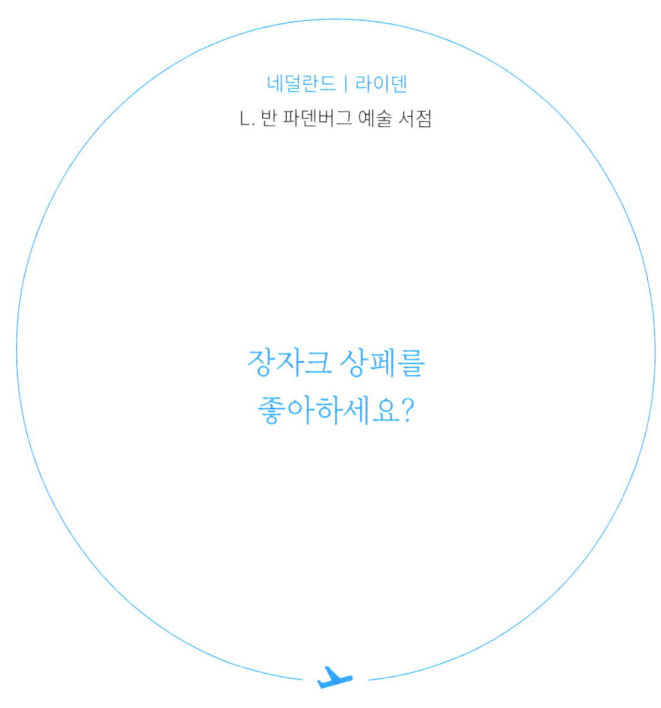

네덜란드 | 라이덴
L. 반 파덴버그 예술 서점

장자크 상페를
좋아하세요?

프랑스의 작가이자 일러스트레이터 장자크 상페Jean-Jacques Sempé는《꼬마 니콜라》,《좀머 씨 이야기》에 삽화를 그리며 명성을 얻기 시작했다. 우리나라에서도 그의 삽화가 실린 책들이 번역되며 큰 사랑을 받았고, 원화 전시에 수많은 팬이 몰리기도 했다. 나 역시《꼬마 니콜라》와《좀머 씨 이야기》로 그의 작품을 처음 접했다. 누가 내게 장자크 상페의 책 중 가장 좋아하는 책을 묻는다면 조금의 망설임도 없이《얼굴 빨개지는 아이》라고 대답할 것이다. 책을 구입한 지 20년이 넘게 흘렀지만, 한동안 잊고 지낸 친구를 떠올리듯 이따금 그 책을 꺼내어 다시 읽는다. 그때마다 어김없이 같은 페이지에서 눈길이 멈추고, 학창 시절 친구가 떠올라 코끝이 시큰해진다.

> 그들은 정말로 좋은 친구였다. 그들은 짓궂은 장난을 하며 놀기도 했지만, 또 전혀 놀지 않고도, 전혀 말하지 않고도 같이 있을 수 있었다. 왜냐하면, 그들은 함께 있으면서 전혀 지루한 줄 몰랐기 때문이다.
> _《얼굴 빨개지는 아이》, 김호영 옮김, 열린책들, 1999.

서로 너무나 다르지만 누구보다 상대를 이해할 수 있었던 두 아이 마르슬랭 카이유와 르네 라토. 걸핏하면 볼이 빨개지는 아이와 걸핏하면 재채기를 하는 두 아이가 함께 있는 모습을 보면 위로가 된다. 나의 유년기 역시 그런 친구를 찾아 헤매는 시간이었고, 어쩌면 앞으로도 그럴 것이기 때문이다.

네덜란드의 소도시 라이덴Leiden에 하루 일정으로 방문했을 때의 일이다. 사람 한두 명이 지나갈 법한 좁은 골목을 지나는데 작은 서점이 눈에 띄었다. 간판도 없고 영업 중인 것도 아니어서 지나칠 뻔했는데, 쇼윈도에 무심하게 올려진

장자크 상페의 그림 포스터와 눈이 마주쳤다. 그것이 쇼윈도에 놓여 있는 이유도 단번에 알 수 있었다. 나 역시 며칠 전 장자크 상페의 타계 소식을 들은 터였으니. 한 송이 국화처럼 놓인 포스터에서 작가를 향한 애도의 마음이 느껴졌다. 이 작은 서점을 운영하는 사람은 어떤 사람일까? 그도 장자크 상페의 팬일까? 유리창에 얼굴을 대고 어둑한 실내 풍경을 훔쳐보았다. 몇 평 남짓한 작은 공간이 예술가의 작업실이나 창고처럼 보인다. 책과 그림, 사진과 액자가 종횡으로 자유롭게 자리 잡은 모습을 보니 이 공간을 더 알고 싶어진다. 그러나 어쩔 수 없이 발길을 돌려야 했다. 언젠가 라이덴에, 이 서점에 다시 오기를 막연히 기대하면서.

　기회는 의외로 빨리 찾아왔다. 바로 이듬해에 라이덴에서 머물게 된 것이다. 하지만 쌓인 업무를 소화하느라 그 작은 서점에 대해서는 까맣게 잊은 채 며칠이 지나버렸다. 평소처럼 걸음을 재촉하던 평일 오전. 그날따라 골목 풍경이 눈에 익다 싶더니… 그래, 그 서점이다! 작년에 골목에서 만난 안티쿼리아트 L.반 파덴버그. 반가운 우연이 무색하게 오늘도 서점의 문은 굳게 닫혀 있다. '어째서일까? 이제 영업하지 않는 걸까?' 혹시 사람이 있는데 없는 척하는 건 아닌지 내부를 살피다가 쇼윈도 귀퉁이에 적힌 영업시간을 보았다. 일주일에 하루 혹은 이틀, 그것도 서너 시간 정도만 짧게 문을 연다는 것이다. 방문을 원하면 먼저 이메일로 예약하라는 코멘트도 적혀 있다. 존재하지만 찾을 수는 없는, 유니콘 같은 공간인 걸까.

　일단 주인장의 요청대로 예약 메일부터 보냈다. 그런데 메일 계정이… 오랫동안 사용하지 않아 휴면계정이 된 모양이다. 내가 보낸 메일이 즉시 반송되었다. '세상에… 콘서트

티케팅만큼이나 쉽지 않구나!' 그래도 목마른 손님이 우물을 파야지 어쩌겠는가. 아직 라이덴에 머물 날이 꽤 남았으니 떠나기 전 한 번은 가볼 수 있지 않을까? 아니, 아니다. 이러다가 영영 못 가는 수가 있다. 더는 물러설 수 없어 다시 한번 당일 방문을 시도하기로 했다. 사전 예약을 하지 못한 이상 고지된 영업시간 내에 서점에 도착하는 것이 중요하다. 주인장이 방문을 허락할지 안 할지는 가봐야 아는 거고, 만약 쫓겨난다면… 별수 없지 뭐.

토요일 오후. 서점이 있는 디프스테이흐Diefsteeg 골목에 도착했다. 서점은 오늘도 실내등이 꺼져 있다. 매장을 지키는 사람도 보이지 않는다. 꽝인지 아닌지 일단 문이나 열어보자 싶어 출입문을 밀었는데, '삐걱…' 하고 열린다!
"계세요? 안녕하세요? 아무도 안 계신가요? 저기요…."
문이 열려 있긴 했지만 주인도 없는 곳을 마음대로 구경할 수는 없었다. 그렇다고 돌아 나가자니 '내가 여기까지 어떻게 왔는데' 하는 마음이 앞선다. 머릿속으로 수많은 생각이 교차하는데, '쿵쿵쿵' 공간을 울리는 발소리가 들리더니 주인공이 큰 소리로 인사하며 등장했다.
너무나 궁금했던 이 서점의 주인장은 흡사 산타 할아버지처럼 넉넉한 풍채에 흰 수염을 멋지게 기른 분이다. 막 그림

한동안 서점 일을 돕기도 했던 손님이 그려준 그림이
서점의 명함이 되었다.

책 한 페이지를 찢고 나온 듯한 사장님에게 반가운 마음으로 인사를 건넸다.

"안녕하세요? 실은 작년 여름에 골목을 지나다가 우연히 이곳을 보게 됐어요. 그때는 영업 중이 아니어서 들어오지 못했고 유리창 너머로만 훔쳐보았죠. 혹시 기억하시나요? 장자크 상페 작가님이 돌아가신 무렵의 일인데. 그때 서점 쇼윈도에 작가의 그림 포스터를 놓아두셨죠?"
"오! 맞아요, 맞아! 그럼요 당연히 기억하고 있죠."
"작가의 부고를 듣고 얼마되지 않았던 때라 쇼윈도에 놓여 있는 포스터가 무척 인상적이었어요. 저도 장자크 상페의 팬이거든요. 게다가 공간 분위기도 예술가의 작업실처럼 자유분방해서 사장님이 어떤 분인지 궁금했어요."
"맞아요. 나도 그때 부고를 듣고 그의 포스터를 놓아두었죠. 내가 제일 좋아하는 작가도 장자크 상페랍니다!"
제일 좋아하는 작가가 장자크 상페라는 그의 말을 들으며 그때 본 포스터를 다시 떠올렸다. 1년의 시간을 건너 세 번의 시도 끝에 만나게 된 지금, 늦었지만 그 이야기를 나눌 수 있어서 기뻤다.

"그런데 사장님, 그림이나 사진이 정말 많이 보이네요?"

"그렇죠? 책도 있지만 예술 관련 품목을 더 많이 다룹니다. 사진이나 그림, 영화에 관련된 것들이죠. 예술 작업을 하는 손님이 방문하기도 하고요. 이건 제 명함이에요. 우리 매장을 좋아하는 손님이 그려준 서점 풍경을 넣었죠. 여기 이 그림이 원본이에요."

그가 자랑스럽게 가리킨 곳에 명함에 인쇄된 서점 그림이 든 액자가 놓여 있다.

대화 주제가 그림으로 넘어가자 그는 자신이 좋아하는 작가들에 대해 이야기하기 시작했다. 특히 〈뉴요커〉와 작업하는 일러스트레이터 에이드리언 토미네Adrian Tomine의 그림 '현행범Red-Handed'을 소개할 땐 안 그래도 커다란 눈이 더욱 커졌다. 2008년 6월 9일 발행된 〈뉴요커〉 표지를 장식한 이 그림은 마치 블랙코미디의 한 장면 같다. 서점 바로 옆 건물에 거주하는 사람이 아마존에서 주문한 책을 받다가 마침 문을 열고 있던 서점 주인과 어색하게 조우한 상황이다. 이 그림을 본 뉴욕 시내 서점들은 뜨겁게 반응했다. 그림에 등장한 서점이 혹시 자신의 매장을 그린 것이 아닌지 작가에게 확인하는 편지도 여럿 있었다고 한다. 에이드리언 토미네는 〈뉴요커〉를 비롯해 여러 매체에 게재한 그림을 모은 책 《뉴욕 드로잉New York Drawings》(2012)을 출간하기도 했다.

이 그림에서 저 그림으로 주제를 옮겨가며 이야기를 풀어내는 사장님을 보며 미소가 지어졌다. 그림작가와 미팅 중에 좋아하는 그림 이야기가 나오면 흥분해 말이 많아지는 내 모습이 겹쳐졌다. 사장님도 어지간한 '그림 덕후'인 모양이다. 한창 수다를 떨던 중 영업 마감 시간이 다가왔음을 눈치챘다. 기꺼이 이야기를 나누어주신 사장님께 감사 인사를 드리고 밖으로 나와 사진을 찍는데, 한 무리의 사람들이 서점 쇼윈도를 구경하다 안으로 들어가는 게 아닌가? 나는 이를 지켜보며 고약하게 중얼거렸다.

　"안 될 텐데? 이제 영업 끝나서 못 들어갈 텐데?"

　아니나 다를까. 서점에 들어서기 무섭게 쫓겨나듯 뒷걸음질로 나오는 그들을 보며, 나도 모르게 파안대소하고 말았다.

　그럼 그렇지. 그게 한 번에 되면 반칙이지.

　굴하지 않는 '삼고초려' 정신만이 라이덴의 유니콘을 만나게 하리라!

L. 반 파덴버그 예술 서점 Antiquariaat L. van Paddenburgh
Diefsteeg 18, 2311 TS Leiden, 네덜란드
화-금: 13:00-18:00 / 목: 19:00-21:00 / 토: 12:00-17:00
이메일 방문 예약이 필수이나 연락이 잘 되지 않는다. 실제 영업시간은 사장님 컨디션에 따라 달라진다. 왓츠앱(WhatsApp)이라면 연락이 닿을지도 모른다.
paddenburgh@antiqbook.nl, padburgh.home.xs4all.nl

네덜란드 | 라이덴
클릭스판 중고 서점

내게 가장 아름다운 풍경,
책 읽는 당신

　　클릭스판 서점과 처음 마주했을 때 동화《헨젤과 그레텔》에 등장하는 과자로 만든 집이 떠올랐다. 골목이 한없이 이어지는 미로 같은 도시 라이덴에서 길을 잃고 헤매다가 발견해서 더 그랬는지도 모른다. 모퉁이를 아름답게 깎은 붉은색 벽돌 건물의 유리창에 붙은 크고 작은 포스터와 스크랩. 혹시 마을 커뮤니티 공간일까? 가까이 가서 들여다보니 책이 가득한 것이 서점인 듯한데, 지나가던 참새가 낑낑대든 말든 방앗간

의 문은 굳게 닫혀 있다. 왜 라이덴의 서점은 한 번에 문을 열어주는 법이 없을까?

화창한 초여름 날. 주말을 맞아 다시 그 방앗간, 아니 서점으로 향했다. 예전에 방문했을 때는 아주 조용한 동네였는데 그때와는 달리 활기가 넘친다. 독특한 옷을 입은 사람들이 춤을 추며 거리를 행진하고, 마을을 둘러싸는 운하 위로 선상

장례식장에서의 대화
"저 친구가 빌려간 책, 돌려받았던가?"

파티를 즐기는 사람들의 보트가 줄을 잇는다. 클릭스판 서점도 오늘은 야외에 테이블을 설치해놓고 안팎으로 영업 중이다. 나는 밖에 진열된 미술 도록을 넘겨보다 매장으로 들어섰다. 한낮의 볕을 품은 서점은 밝고 아늑하다.

처음 이곳을 보았을 때도 스크랩이 창문 곳곳에 붙어 있더니 책장 사이사이에도 빼곡하게 붙어 있다. 주로 책에 관한 위트 있는 문장이나 그림인데, 서점을 방문한 손님과 공유하고 싶은 '책 덕후' 사장님의 마음이 고스란히 전해진다. 나는 비스킷 조각을 따라가는 헨젤과 그레텔처럼 구석구석 붙어 있는 스크랩을 따라갔다. 그중 같은 사람의 것으로 보이는 한 컷짜리 만화가 여럿 있는데, 아무래도 사장님이 이 만화가의 팬인 것 같다.

스테판 페르베이Stefan Verwey, 1946-2024는 47년 동안 수천 편의 만화를 그린 네덜란드의 만화가이다. 특히 네덜란드 전역에 배포된 일간지〈드 포크스크란트De Volkskrant〉에 25년간 만평을 연재했는데, 책을 둘러싼 문학적인 삶에 대해 주로 그렸다. 페르베이는 네덜란드 최고의 정치 만화에 수여하는 잉크츠폿프레이스Inktspotprijs를 2회 연속 수상(1998, 1999)한 유일한 만화가이기도 하다. '잉크츠폿'은 '잉크 자국'이란 뜻으로, 만화가에게 주는 상에 맞춤한 귀여운 이름이다.

책을 찾는 손님과 서점 주인이 나누는 대화
"책은 있어요. 찾는 데 일주일 걸려서 그렇지."

    벽에 붙은 그의 만화를 보며 나는 웃음을 터뜨렸다. 나 역시 책을 빌려주고 돌려받지 못하거나 누구에게 빌려주었는지조차 기억하지 못할 때가 있기 때문이다.
    스크랩을 따라가다 보니 서점이야말로 책에 관련된 이야기를 전시하기 가장 적합한 공간이라는 생각이 든다.

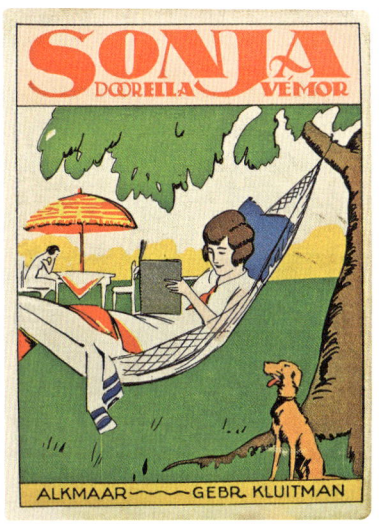 

　　사장님의 작고 소중한 종잇조각으로 워밍업을 마쳤으니, 이제 본격적으로 책장을 살펴볼까? 클릭스판의 서가는 책의 장르나 알파벳순이 아닌 언어별/국가별로 분류되어 있다. 특히 라이덴대학교 인근에 있어서인지 연구자에게 필요한 자료를 많이 갖춰놓은 듯하다. 어두운 컬러의 묵직한 장정이 대부분인 어려운(?) 책장을 지나, 기분이 명랑해지는 책장 앞에 멈췄다. 알록달록한 책들을 보며 아동서 및 청소년 서적도 취급한다는 서점 소개글을 떠올렸다. 시리즈 도서들은 대부분 비슷한 주제의 표지 일러스트를 내세웠다. 여자아이와 남자아이가 주요 캐릭터로 등장하고, 아이들이 모험을 떠나는 모습이나 잠자리에서 책을 읽는 모습이 일관된 컨셉이다. 정작 책 내용과 표지 그림 사이에 밀접한 관계가 있는 것 같지는 않다. 청소년 도서를 구입하는 주체가 어른일 때가 많은 만큼 표지에도 교육적인 메시지가 드러나길 바라는 요구가 반영된 게 아닐까 짐작해본다.

잠시 짬이 난 듯한 사장님께 책을 보며 생긴 이런저런 궁금증을 질문해보았다.

"네덜란드에서도《톰 소여의 모험》같은 청소년 문학이 많이 출간됐나요? 이 시리즈 표지를 보니 비슷한 장면이 많네요."

"보신 책들은 예전에 인기를 끈 아동, 청소년 문학 시리즈 중 하나예요. 네덜란드에서도 도전과 용기, 모험심을 강조하는 내용의 책이 한창 출간되던 시기가 있었지요. 그런 요구도 많았고요."

"그렇군요. 한국도 그런 경향을 보이던 때가 있었는데, 어디든 출판계는 조금씩 비슷하네요. 그런데 서점 이름인 클릭스판은 사장님 성함인가요?"

"하하. 아닙니다. 작가 요하네스 크네펠하우트Johannes Kneppelhout, 1814-1885의 필명에서 따온 거예요. 그는 이곳 라이덴대학교의 학생이었는데, 고자질쟁이를 뜻하는 클릭스판

Klikspaan이라는 필명으로 학창 생활에 대해 풍자적인 글을 썼지요. 여기 이 책이 그가 쓴 책이에요."

사장님이 가리킨 액자 속에는 클릭스판의 책 《이르면 일름보 Klikspaan Boterspaan》가 들어 있다.

잠깐 대화를 나누는 사이 서점을 찾는 손님이 늘어났다. 손님을 응대하느라 바쁜 와중에도 짧은 여유가 생기면 곧장 구석 자리로 돌아와 의자에 앉는 사장님. 내내 손에 쥐고 있던 책을 마저 읽기 위함이다. 이따금 맥주를 한 모금 들이켜고 창

밖으로 시선을 돌렸다가, 마치 세상에 책과 당신 단둘만 있는 것처럼 다시 책 속으로 쏙 들어간다.

'그래, 낭만이 별거인가.'

나는 햇살을 받아 반짝이는 유리잔을 물끄러미 바라보았다. 그리고 책장에 몸을 반쯤 숨긴 채 그만의 루틴이 음악처럼 흘러가는 것을 지켜보았다. '낭만'이라는 단어를 아련하게 떠올리다 문득 지금 이 순간을 기록하지 않으면 크게 후회할 것 같아 사장님에게 물었다.

"괜찮으시다면 제가 사장님 사진을 좀 찍어도 될까요?"
"나? 나를 찍고 싶다고요? 나를 왜 찍고 싶죠?"
"당신이 책을 읽고 있는 모습이 그림처럼 아름다워서요!"

내게 가장 아름다운 풍경은 주변을 의식하지 않고 책을 읽는 이의 모습이다. 나는 오랫동안 그런 모습에 자석처럼 이끌려왔다. 책 읽기에 몰두한 사람의 표정을 볼 때면 형언할 수 없는 감동을 받는다. 그 순간만큼은 시간이 멈춘 것처럼 느껴지거나, 배경은 삭제된 채 오로지 그 사람만 확대된 것처럼 보인다. 그가 지금 어떤 책을 읽고 있는지, 읽고 있는 책의 감상은 어떤지 옆에 앉아서 종알종알 '북토크'라도 하고 싶어진다. 이토록 강력한 친근함을 느끼다 보면 내 시선이 일방적으로

불타오르고 있을 것이 분명하므로, 상대가 부담을 느끼지 않게 멀찌감치 떨어져 곁눈으로 바라볼 뿐이다. 아주 오랫동안 많은 이의 책 읽는 모습을 봐왔지만, 찍고 싶다고 늘 찍을 수 있는 것은 아니기에 매번 아쉬웠다. 만일 내가 그림을 그리는 사람이었다면 그림으로, 시를 쓰는 사람이었다면 시로 남겨두었을 찰나의 아름다움인데.

그날 찍은 사진을 이따금 꺼내본다. 그럴 때마다 서점에서 본 여러 스크랩이 딸려 나온다. 용기 내어 사진으로 남겨놓길 참 잘했다 싶다. 살면서 우연히 마주치는 독서가들은 내게 헨젤과 그레텔의 비스킷 같은 존재이다. 알고리즘에 이끌려 별생각 없이 SNS나 숏폼 콘텐츠를 소비하다가도 불현듯 내가 정말 좋아하는 그 풍경을 떠올리곤 한다. 지하철에서 책 읽는 사람과 마주칠 때나 카페 테이블에 올려진 누군가의 책을 볼 때도. 책을 읽느라 골몰한 얼굴들에 대해, 내게 가장 아름다운 풍경에 대해.

클릭스판 중고 서점 Antiquariaat Klikspaan
Hooglandse Kerkgracht 49, 2312 HS Leiden, 네덜란드
목-금: 13:00-17:00 / 토: 9:00-16:30
페이스북 페이지(Antiquariaat Klikspaan)로 문의하면 빠른 답변을 받을 수 있다.

Leiden

네덜란드 | 라이덴
벽시 프로젝트

시집이 된
마을

　여행할 때 나는 주의가 매우 산만한 편이다. 두리번거리며 구경하느라 지그재그로 걷는 건 기본이다. 때로는 목적지보다 목적지로 가는 여정을 더 궁금해하기도 한다. 무엇보다도 큰길보다 작은 골목길로 다니는 것을 좋아한다. 발품을 팔아야만 만날 수 있는 '특별한 것'은 주로 골목길에 숨어 있기 때문이다. 그 특별한 것이란 여행 가이드북이나 인터넷 검색만으론 찾을 수 없는 장소를 발견하는 일일 때도 있고, 그곳을 운영하는 사람과 나누는 대화일 때도 있다. 내게 의미 있는 여행이란 그렇게 나만의 경험을 얻는 과정일 터다.

여행을 앞두고 빈틈 없이 준비한 일정과 지도 앱이 안내하는 최단거리는 언뜻 완벽해 보이지만, 여행의 전개란 계획대로 되지만은 않는 법. 변덕스러운 날씨, 기어이 연착되고야 마는 기차 스케줄, 파업 중인 공항, 미술관의 내부 공사에 이르기까지⋯ 변화하는 상황에 끊임없이 대응해야 하는 것이 여행의 실체일지도 모른다. 그렇다면 이 실체를 적극적으로 받아들이면 어떨까? 한발 나아가 우연의 힘을 믿어본다면? 지도 앱을 들여다보는 대신 고개를 들어 마음에 드는 방향으로 무작정 걸어보고, 한번쯤 목적지 없는 길을 나서보는 것이다. 오늘은 무엇을 만나게 될까?

라이덴에 도착한 다음 날, 나는 골목 애호가답게 상점이 밀집된 중심가 대신 동네를 한 바퀴 둘러보았다. 마을을 관통하는 운하를 따라 걸으며 골목에 숨어 있는 작은 가게와 오래된 펍을 찜해둔다. 정장을 차려입고 거리에 서서 와인잔을 부딪히는 사람들을 신기하게 구경하다가 건너편 건물 벽에 그려진 무언가를 보았다. 취객이 흥에 겨워 낙서했다고 하기엔 꽤 높은 곳이다. 가까이 다가가 벽에 쓰인 것을 확인해보니 어

떤 책의 발췌문 같은데, 내가 읽을 수 없는 언어이다. 건물주가 책을 좋아하는 사람인가? 그런데 한번 벽에 눈이 가고 나니 길을 걸을 때마다 무언가 그려진 벽이 자꾸 눈에 들어오기 시작했다. 아랍어나 프랑스어로 쓰인 것도 있고 간단한 그림이 함께 그려진 것도 있는데, 모두 저마다의 디자인을 뽐내고 있다.

    벽에 그림 그리는 게 이 동네 유행인가? 새로운 벽화를 만날 때마다 텍스트의 정체가 점점 궁금해진다.

　　이 아름다운 벽화의 정체는 테헌-베일드Tegen-Beeld 재단의 후원으로 시작된 '벽시Wall Poems 프로젝트'였다. 이들은 1992년부터 네덜란드 라이덴 시의 건물 외벽에 시를 쓰기 시작했다고 한다. 내가 라이덴을 마지막으로 방문한 2023년 여름까지 모두 114편의 작업이 완료되었다는데, 이후로도 6편이 더 만들어져 2024년 기준 120편의 시가 게시되었다. 네덜란드어와 영어뿐만 아니라 히브리어, 라틴어, 산스크리트어, 이탈리아어 등 30개 이상의 언어로 쓰인 시를 볼 수 있다. 사랑,

자연, 감정, 예술, 전쟁과 같이 폭넓은 주제와, 윌리엄 셰익스피어의 소네트 30번(1593년경)부터 청각장애인 공연 예술가인 빔 에메릭의 '수화 시'(2004)에 이르기까지 다양한 연대의 시가 두루 포함되었다.

발견하는 벽시가 늘어날수록 라이덴의 숨은 보석을 찾아낸다는 뿌듯함도 커졌다. 길을 걷다가도 깨끗한 벽만 보이면 어느새 벽시 프로젝트팀의 일원인 양 생각하게 되는 것이다. '저 벽에 시를 새기면 딱 좋겠어!'(뭐, 내 소유의 벽은 아니지만….) 간혹 범상치 않은 디자인의 벽시를 보면 번역기를 사용해 텍스트의 내용을 살피고 작가와 시의 배경도 찾아보았다. 마치 작은 단초를 이용해 범인을 추리하는 탐정처럼 짜릿한 과정이었다.

벽시 프로젝트를 아카이브하는 공식 웹에는 '벽시를 감상하기 위한 산책 루트'가 정리돼 있는데, 그렇다고 해서 내가 챌린지하듯 일부러 찾아다닌 것은 아니다. 언제나처럼 조금씩 새로운 길로 다니다 보면 어김없이 처음 보는 벽시를 발견하기 때문이다. 테헌-베일드 재단에서 밝힌 내용에 따르면 개인 소유의 건물(벽)도 이 프로젝트에 참여할 수 있다. 무엇보다 중요한 조건은 시가 쓰일 벽이 '공공장소에서 잘 보이는

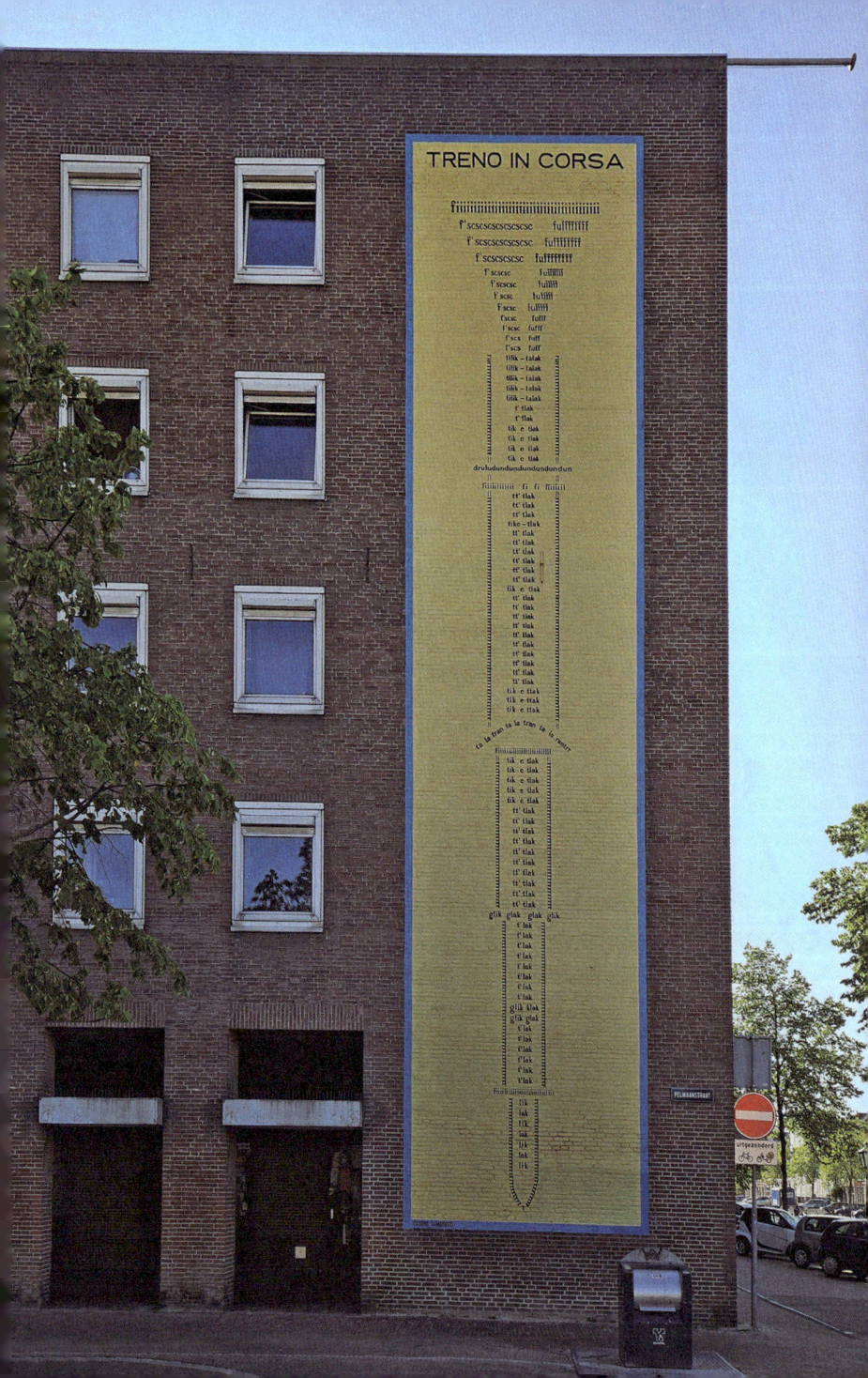

벽'이어야 한다는 것이다. 지금까지 작업된 개수가 상당한 것만 보아도 이 프로젝트의 취지에 공감하고 선뜻 자신의 벽을 내어준 건물주가 꽤 많다는 것인데, 그것 또한 놀랍다.

시가 그려진 벽을 하나하나 살펴보면 모든 시가 각기 다른 디자인을 하고 있음을 알 수 있다. 똑같은 폰트나 레이아웃을 기계적으로 나열한 것은 단 하나도 없다. 시각적인 아름다움을 추구하면 감상의 즐거움도 배가 되고, 프로젝트를 알리는 데에도 도움이 된다는 것을 아는 모양이다. 과감한 텍스트 레이아웃 덕분에 시가 가진 이미지가 극대화되었다. 시가 그려질 벽의 면적이나 원래의 건축 형태를 그대로 살려 매력적인 프레임으로 기능하게 한 것도 특징적이다. 벽의 형태가 다양한 만큼 벽시 디자인도 매번 새로운 시도가 가능한 것이다.

체사레 시모네티Cesare Simonetti의 〈움직이는 기차 Treno in Corsa〉가 쓰인 벽을 보자. 누구라도 시선을 뺏길 수밖에 없을 만큼 압도적인 디자인이다. 달리는 기차의 속도와 힘이 생생하게 느껴진다. 이 시는 예전에 5단 팸플릿의 기다란 지면에 인쇄된 적이 있는데, 그 형태를 살려 세로로 긴 벽에 작업되었다. 이렇듯 벽시 디자인은 시가 지닌 감정과 분위기를 효과적으로 전달한다.

시리아의 시인 아도니스Adonis의 〈상실Dayâ〉이 쓰인 곳은 어느 노천 카페의 외벽이다. 이 카페는 창문에 노란색 줄무늬 차양이 있는데, 차양과 비슷한 노란색 계열의 패턴을 프레임으로 만들어 그 안에 시를 썼다. 벽과 시가 서로 이질감 없이 한데 어우러지는 모습이 워낙 자연스러워 건물의 원래 디자인인지 벽시인지 긴가민가했을 정도이다. 아랍어 원문을 크게 제시하고 아래에 영문 번역본을 두었다. 시 하단에는 이 시를 선정한 이유가 적혀 있다.

'라이덴의 아랍어 연구 400주년을 기념하기 위해'
1613-2013

1613년 라이덴대학교는 유럽 최초로 아랍어문화학과를 설립했다. 이 시 〈상실〉의 선정은 도시의 지적 전통을 헤아린 것이라고 볼 수 있다.

콘라트 바이어Konrad Bayer의 시 〈프란츠 전쟁Franz War〉은 어느 자전거 상점 기둥에 쓰여 있다. 주말을 맞아 옆 동네를 산책하던 중 발견했다. 처음에는 매장의 장식인 줄 알고 그냥 지나쳤다가 아무래도 수상쩍어 가던 길을 되돌아와 다시 보았다. 이제 슬슬 어디 새겨진 글자만 보면 자꾸 감상하려 들

고 진품(?) 여부를 따지게 된다. 이 기둥에 쓰인 글도 벽시일까? 그런데 왜 벽이 아닌 기둥에 쓴 거지? 넓은 벽면이 아닌 좁은 구석도 벽이라고 부를 수 있는지 모르겠지만, 기둥의 면적과 꺾임을 활용해서 더 역동적으로 보인다. 이렇게 기둥에 쓴 벽시도 있음을 알게 된 후로는 '꺼진 불도 다시 보자'며 건물의 구석진 면까지 유심히 보게 되었다.

벽시 프로젝트에서 또 한 가지 흥미로운 점은 시를 선정할 때 자국어인 네덜란드어로 된 시나 네덜란드인의 시에 국한하지 않았다는 것이다. 여러 언어로 쓰인 시를 선보이는 것은 그만큼 다양한 생각이 존재한다는 것을 강조하는 것이기도 하다. 대부분의 시간 동안 한국어만 사용하며 살아가는 사람에게는 언어를 통해 다른 세계를 상상하는 일이 쉽지 않다. 그래서 낯선 언어로 적힌 시를 볼 때마다 그 내용이 궁금하고 어떤 작가가 쓴 글인지 알고 싶었는지도 모른다. 매일매일 시를 만나고 시가 새겨진 벽을 올려다보며, 이 프로젝트가 전달하고자 하는 메시지가 바로 그 다양함이 아닐까 생각했다. 이 세계 안에서 우리는 연결되어 있고, 시가 우리를 연결한다고.

벽시 프로젝트 아카이브 웹에 게시된 Q&A 일부를 여기 소개하고 싶다.

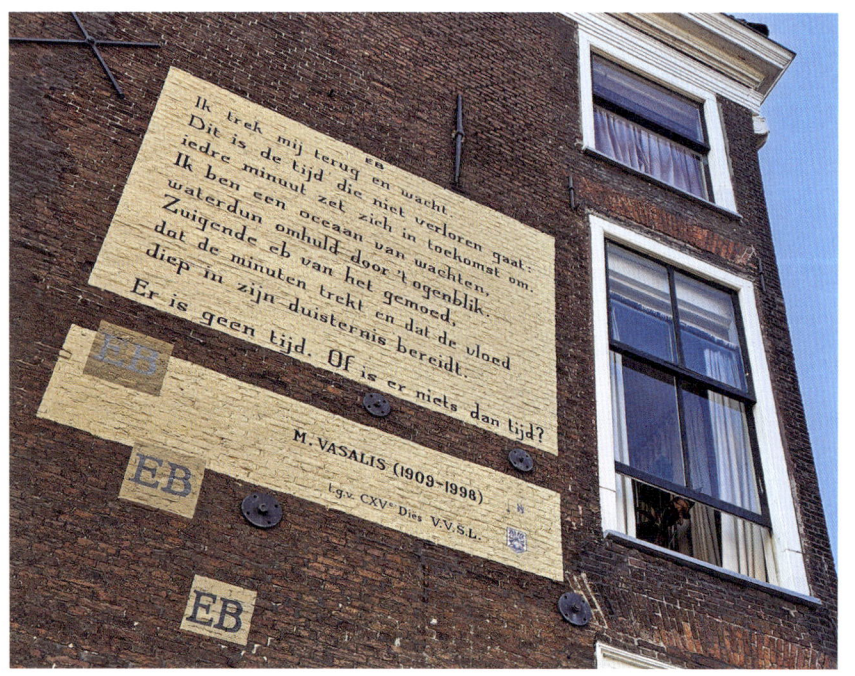

Q 테헌-베일드라는 이름은 무엇을 의미하고, 어디서 유래했나요?

A 테헌-베일드는 벽에 칠해진 이미지beeld와 재단 구성원 및 우리의 작업 방식, 즉 기존의 틀을 깨고자 하는 반항적tegendraads 성향을 결합한 이름입니다. 재단의 창설자이자 예술가인 얀 빌럼 브라운스Jan Willem Bruins와 벤 발렌캄프Ben Walenkamp는, 네덜란드의 문화적 빈곤을 상쇄하고 사람들에게 다양한 문화권의

문학과 시를 알리고자 재단을 세웠습니다. 당시 라이덴이 난민 친화적인 도시로 알려진 데다 라이덴대학교에서 거의 전 세계의 언어 연구가 진행되고 있었기에 긴밀한 협력이 가능했습니다.

Q 벽시 중 하나에서 중대한 실수를 발견했습니다. 이 사실을 누구에게 알려야 할까요?

A 벽시는 손으로 제작되었기에 간혹 오류가 있을 수 있습니다. 이러한 오류에 대해서도 이 웹사이트에 정리되어 있습니다. 아직 언급되지 않은 또 다른 실수를 발견했다면 이메일로 알려주십시오.

Q 벽시를 작업할 때 어떤 기법을 사용하나요?

A 얀 빌럼 브라운스가 페인팅하는 영상을 참고하세요.

 바로가기

벽시 프로젝트 Wall Poems
tegen-beeld.nl

Leiden

네덜란드 | 라이덴
벽공식 프로젝트

우주를 담은
벽

　과학과는 접점이 별로 없을 것 같은 북 디자이너로 살고 있지만, 돌아보면 내게도 우주를 열렬히 사랑하던 시절이 있었다. 교내 과학 동아리에서 활동하던 고등학생 때 이야기다. 동아리의 공식 명칭은 '지구물리부'였으나 우주 팽창의 뜻을 담은 별칭 'PLUS'로 불렸다. 부원들은 주로 망원경을 이용해 천문 현상을 관측하고 성단과 성운, 행성 등의 천체 사진을 찍었다. 천체 관측 행사를 개최해 부산 시민에게 망원경을 이용

한 관측의 경험을 제공하고, 과학교육원에서 연수 중인 과학과 교사를 위한 관측회의 가이드를 하기도 했다. 그 경험 때문인지 지금도 종종 천문 뉴스를 살피고, 천문대처럼 생긴 건물을 보면 괜히 아는 집인 양 기웃거리게 된다.

라이덴에서 처음 벽시를 발견했을 때 '벽에 그림 그리는 게 유행인 동네인가' 하고 생각한 데에는 한 가지 이유가 더

있다. 실은, 벽시보다 먼저 발견한 그림이 있었던 것이다. 산책 중에 벽에 그려진 나선은하 그림을 보았을 때 '이 건물에 물리학 연구소가 있나 보다' 하고 생각했다. 그런데 건물 가까이 다가가니 뭔지 모를 공식이 함께 적혀 있다. 마치 우주에서 보낸 메시지처럼. 어딘가 힌트가 있지 않을까 싶어 주위를 둘러보니 운하 건너편에 돔 모양 지붕이 보인다.

관측소가 있는 이 건물은 1860년 건축된 라이덴 천문대

Oude Sterrewacht로, 세계에서 가장 오래된 대학 천문대이다. 라이덴대학교의 천문학 교수였던 얀 헨드릭 오르트Jan Hendrik Oort, 1900-1992가 바로 이곳에서 은하수의 구조와 혜성의 기원에 대해 연구했다. 그는 1958년에 전파 관측을 통해 태양계가 속해 있는 '우리 은하Oort Constants'의 모습이 5개의 팔로 구성된 나선 모양임을 추정해냈는데, 내가 본 그림이 '우리 은하'를 그린 것이었다. 그저 길 가다가 만난 벽화의 정체가 궁금했을 뿐인데 엉겁결에 오르트 씨를 알게 되고 그의 연구까지 찾아보다니, 새삼 시청각교육의 중요성을 깨닫는다.

낯선 언어의 시를 꾸준히 소개한 '벽시 프로젝트'의 성공을 보며 영감을 얻은 동네 사람들이 있었으니, 바로 라이덴대학교 물리학과 교수인 센스 얀 반 데르 몰런Sense Jan van der Molen과 이보 반 불펀Ivo van Vulpen이다. 이들은 벽시 프로젝트를 물리 공식에 접목해볼 수 있겠다고 생각했는데, 라이덴은 물리학에서 중요한 발견을 이뤄낸 역사적인 도시이기 때문이다. 헤이커 카메를링 오너스Heike Kamerlingh Onnes, 헨드릭 로런츠Hendrik Lorentz, 피터르 제만Pieter Zeeman은 초전도성과 제만 효과를 발견한 공로로 노벨상을 수상했고, 상대성 이론으로 알려진 알버트 아인슈타인 역시 라이덴대학교에서 학생들을 가르쳤다.

센스 얀 반 데르 몰런과 이보 반 불펀은 혹시 이렇게 생각

했던 게 아닐까?

'우리 과학계에도 흥미로운 이야기와 소개하고 싶은 과학자가 많은데… 사람들이 과학을 친근하게 접할 수 있는 기획을 해보면 어떨까? 기왕이면 벽시 프로젝트처럼 아름답게!'

이들은 과학사를 전달하는 매개로 물리 공식을 선택했다. 그러나 과학은 쉽게 접근하기 어렵다는 이미지가 있는 만큼 공식을 단순 나열하는 것만으로는 부족했다. 먼저 그림으로 흥미를 유발한 다음 물리 공식으로 자연스레 관심이 이어지게 구성한 까닭이다.

실험 결과를 나타내는 그래프나 그림은 여러 가지로 변형이 가능하다. 벽시에 이어 벽공식 프로젝트에도 참여한 테헌-베일드 재단 미술팀은, 이론을 설명하는 도구이자 과학사의 풍경을 전달하는 작품으로서 물리 공식과 그림이 아름답게 표현되는 데에 주안점을 두었다. 다행히 그들의 전략은 효과를 발휘한 듯하다. 벽시에 이어 벽공식만 보면 후다닥 뛰어가 사진을 찍어댄 사람이 바로 여기에 있으니 말이다. 고등학교를 졸업함과 동시에 근처에도 가지 않았던 물리 공식을 이렇게 열렬히 쫓아다니는 날이 올 줄 누가 알았을까.

어느 주말에는 아이스크림 가게에 들렀다가 근처에서 새

로운 벽공식을 찾았다. 벽공식은 벽시에 비해 작품 수가 적어서 우연히 마주치면 희귀 아이템을 손에 넣은 듯 기쁨도 두 배가 되었다. 번화가 뒤편의 조용한 골목에서 갑자기 나타난 이 벽화는 바로 '과학계의 셀럽' 아인슈타인의 일반 상대성이론 방정식을 그린 것이다. '질량을 가진 모든 물체는 주변 공간을 휘게 한다'는 이론을 독창적인 선 몇 개로 완벽히 표현했다. 누구나 점·선·면을 사용해 그래프를 그리지만, 의도와 표현 방식에 따라 전달력은 크게 달라진다. 물리 교과서에서나 볼 법한 복잡한 공식을 보며 문제풀이를 떠올리는 대신, 그림을 통해 우주의 원리를 상상해볼 수도 있는 것이다. 벽공식 프로젝트는 2015년 시작되어 2024년 현재 10건이 완성됐다.

라이덴의 벽공식은 네덜란드의 또 다른 대학도시 위트레흐트에도 영감을 주었다. 이들은 벽공식을 응용해 과학사의 중요한 발견을 소개하기로 했다. 물리학자 샌더 켐프케스Sander Kempkes와 잉마르 스바르트Ingmar Swart는 벽화 작업으로 유명한 예술가 그룹 스트라케 한드De Strakke Hand와 협업해 '위트레흐트 벽화 프로젝트'를 시작했다. 이 프로젝트는 라이덴의 벽공식과는 컨셉에서 큰 차이가 있다. 과학사적 인물을 화면의 중심에 배치하고, 인물의 시선이 관객을 마주 본다. 인물 주변으로 배경과 소품을 활용해 장면에 대한 이해를 돕되,

과학 공식은 아주 작게 배치했다. 인물이 강조되어서인지 영화 포스터처럼 드라마틱해 보인다. 그림 속 인물에게 어떤 숨은 이야기가 있을지 궁금해진다.

위트레흐트의 파르트스허 레인Vaartsche Rijn 역 앞에서 벽공식을 처음 보았을 때는 아직 라이덴을 방문하기 전이라 벽시와 벽공식의 존재를 알지 못했다. 그저 유럽 거리에서 종종 마주치는 대형 벽화로만 생각했다.

푸른색 벽화에 그려진 것은 양손에 술병과 지팡이를 들고 휘청이며 걷는 남자다. 이는 네덜란드의 물리학자 레너드 오른스타인 교수Leonard Ornstein, 1880-1941가 연구한 무작위 운동(무작위 걸음걸이)을 그림으로 표현한 것이다.

이 공식 ($dx_t = -\theta x_t\, dt + \sigma\, dW_t$)은 꽃가루가 바람에 퍼지는 방식, 동물이 음식을 찾는 경로, 주가가 움직이는 방식 등에 폭넓게 적용된다. 술 취한 남자 아래로 보이는 근엄한 얼굴의 남자는 레오나르드 오른스타인 교수의 실제 모습을 그린 것이다.

ⓒ University Museum Utrecht(0285-3974)

그는 네덜란드 물리학회Nederlandse Natuurkundige Vereniging의 공동 설립자로, 위트레흐트 대학교 물리학 교수로 학생들을 가르쳤다. 그는 1940년 11월 독일 점령군에 의해 대학에서

레오나르드 오른스타인 교수의 벽공식은 위트레흐트의 오스터카데 30 Oosterkade 30, 3582 AV Utrecht에서 감상할 수 있다.

해고되었다.

화가가 직접 극장 간판을 그리던 시절을 떠올리게 하는 과학사 벽화는 지금까지 총 6편의 작품이 완성되었고, 과학사 이야기와 함께 감상할 수 있도록 아카이브 사이트도 함께 구축되어 있다.

라이덴의 벽시 프로젝트는 벽공식 프로젝트로 변주되었고, 이것은 또다시 위트레흐트뿐만 아니라 파리와 베를린의 벽화 프로젝트에도 영감을 주었다. 시를 통해 다른 문화권의 언어를 접할 수 있고, 우주의 원리와 과학사까지 감상할 수 있는 것이다. 우리 생활 속 어디에나 있는 예술과 과학에 대한 문턱을 낮춘 작업이자 문학과 과학, 미술이 함께한 아름다운 프로젝트이다. 우주의 이야기를 담은 벽이다.

라이덴 벽공식 프로젝트 Wall Formulas
muurformules.nl
위트레흐트 벽공식 프로젝트 Wall Formulas
muurformules.sites.uu.nl

МНЕ
МЕРТНОИ ЛЮБВИ.
TÖDLICHE LIEBE ZU ÜBERLEBE
JERK DBLN

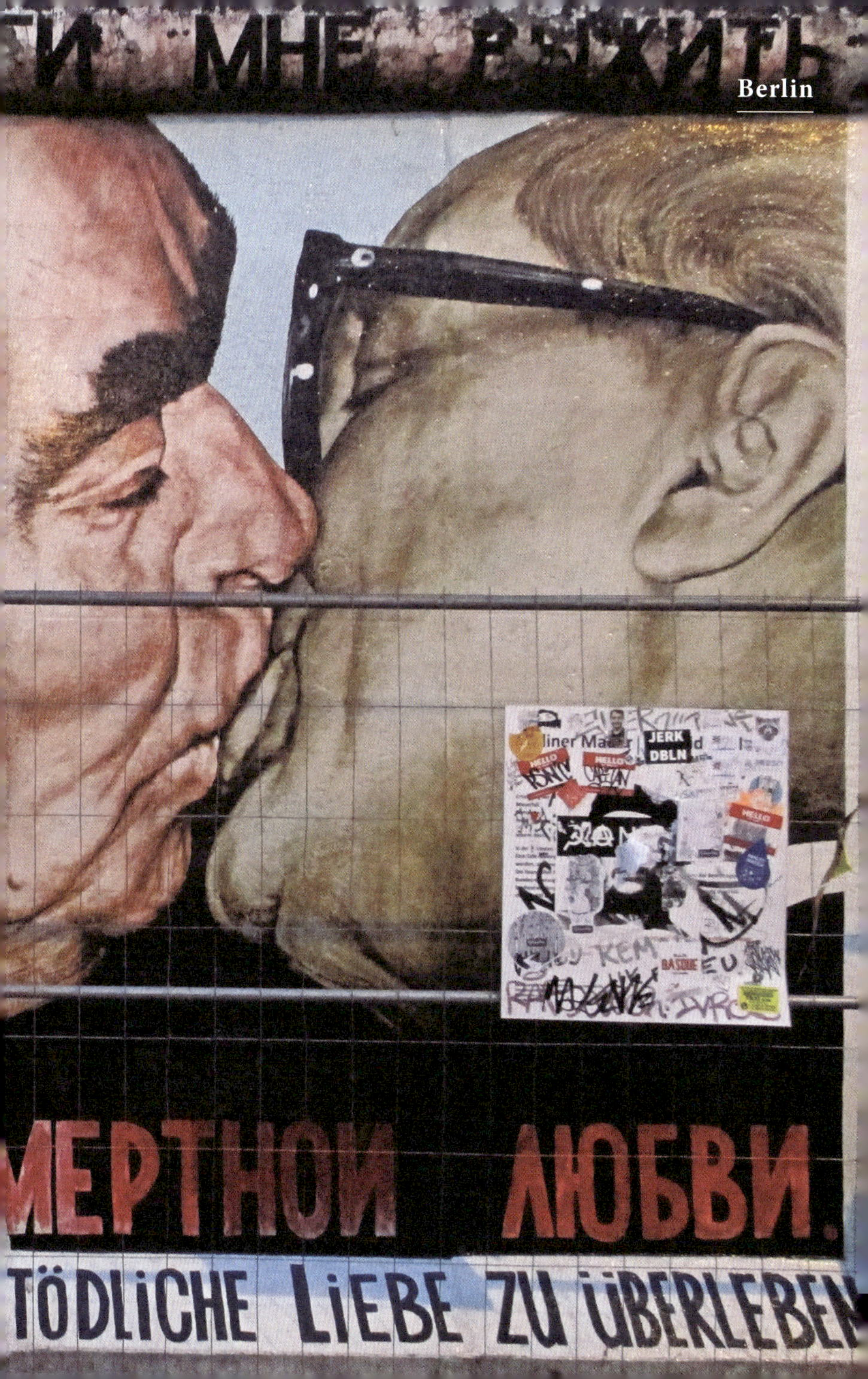

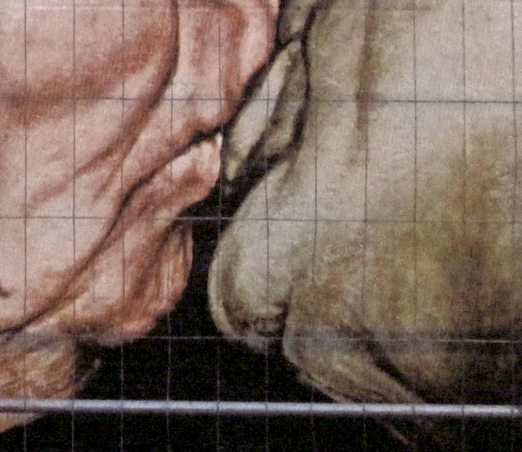

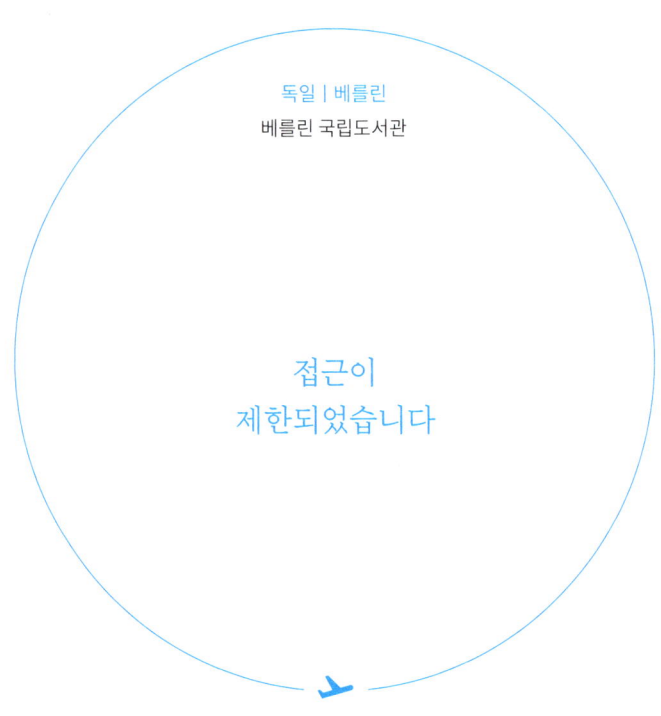

독일 | 베를린
베를린 국립도서관

접근이
제한되었습니다

　베를린에 왔는데 베를린필하모닉을 빼놓으면 아쉽지 않겠는가. 한국에서부터 기다려온 베를린필하모닉의 저녁 공연을 본 뒤, 쏟아지는 인파에 섞여 포츠담 광장Potsdamer Platz을 향해 걸었다. 횡단보도를 건너려고 멈춰 섰는데, 길 건너편 압도적인 규모의 무언가가 눈에 들어온다. '굴뚝인가… 저 항공모함 같은 건 뭐지? 폐여객선을 재활용한 건물인가?' 수명이 다한 비행기나 열차를 호텔이나 레스토랑으로 개조한다는데,

이 또한 그런 건물인가 싶었다. 건물의 정체가 궁금해 지도 앱을 열었다. 'Staatsbibliothek zu Berlin'. 아하, 도서관이구나! 여기가 베를린 국립도서관 신관이었다. 빔 벤더스의 영화 〈베를린 천사의 시〉에서 배경으로 등장하는 바로 그곳! 영화에서는 지상에 내려온 천사들이 이 도서관에 와서 사람들의 생각을 듣는다. 그렇지 않아도 가려고 체크해둔 곳인데 이렇게 우연히 마주치다니. 역시 만나야 할 도서관은 어떻게든 만나게 되어 있나 보다.

도서관을 방문할 때면 생각보다 규모가 커서 둘러볼 시간이 늘 부족했다. 이번에는 건물의 으리으리함도 미리 보았으니 일찌감치 가서 느긋하게 보리라. 명품 매장 오픈런은 안 해도 '도서관 오픈런'은 사수하기로 마음을 먹었다. 기대감을 갖고 아침 일찍 도착한 도서관은 지난밤의 웅장함과는 또 다른 모습을 보여준다. 그런데 열람실 게이트를 통과하려다 예상치 못한 난관을 맞았다. 열람실 내부로는 가방을 반입할 수 없다는 것이다. 소지품이 들여다 보이는 투명한 파우치만 허용된다고 한다. 규정대로 가방을 보관하려고 로커로 갔는데, 아뿔싸! 개인이 지참한 자물쇠를 사용하는 로커와 코인 로커만 있다. 여행객이 자물쇠를 들고 다닐 리 없거니와 도서관 내에도 자물쇠를 판매하는 곳은 없다. 하필이면 오늘따라 지폐와 카드만 있고 동전이 없어서 코인 로커를 사용할 수도 없다. 동전교환기는커녕 물건을 사고 잔돈을 만들 만한 편의점도 근처에 보이지 않는다.

이러다 로비만 구경하고 가게 생겼다. 오후에 다른 도시로 떠나기로 되어 있는데… 이런 일은 처음이라 당황했지만 이대로 돌아갈 수는 없었다. 게이트에 이제 막 출근한 직원들이

보인다. '어떻게든 도움을 요청해야겠어. 곤경에 빠진 외국인 여행자의 표정으로 최대한 어필해보는 거야!' 장화 신은 고양이급 눈빛 연기가 통했던 걸까. 조금의 예외도 없을 것 같던 무표정한 직원분이 본인의 빨간 지갑을 열어 동전 두 개를 꺼내준다. "돌아보고 돌려주세요." 여전히 무표정한 얼굴로. 베를린 천사가 바로 여기 계셨네. 역시 사람은 겉모습만 보고 판단하면 안 된다.

코인 로커에 짐을 넣고 겨우겨우 열람실에 입성하니 정말이지 크루즈 여객선처럼 100미터 달리기를 해도 될 만큼 넓다. (물론 도서관에서 달리면 안 된다.) 1층부터 어슬렁거리며 돌아보다가 낯익은 가구 하나를 발견했다. 도서목록카드함! 주로 폐가식 도서관에서 볼 수 있는 물건이다. 오늘날의 전자검색대에 해당하는 것인데, 알파벳순으로 분류된 서랍을 열면 서지정보를 담은 카드가 들어 있다. 이제는 대부분의 도서관에서 사라진 추억의 물건이다. 한 칸을 열어보니 한자가 적힌 카드가 가득한데 대부분 아시아 이름이다. 이름에 대한 분류순서가 궁금해져 다른 서랍도 살펴보다가, 이번에는 정말 익숙한 표기가 눈에 들어왔다.

KIM.

'이 KIM이 내가 아는 그 김인가?' 궁금해하며 서랍을 여니 낯익은 한글이 보인다. 오, 정말 김씨 성을 표기한 것이었구나! 반가운 마음에 서랍 속 카드를 한 장 한 장 넘겨보니 한국에 압도적으로 많은 성씨라 그런지 거의 예외 없이 한국 저자의 이름이다. 《까치소리, 김동리》, 《한국시인전집1, 김소월》처럼 익숙한 이름과 책 제목을 보자 외국에서 아는 사람을 만난 듯 반갑다. 카드 중에는 인쇄된 것이 아니라 손 글씨로 쓴 것도 있는데, 심지어 글씨체가 좋다. 다시 카드를 한 장 넘기자 또 다른 의미에서 '낯익은' 이름 하나가 나타났다. 바쁘게 카드를

넘기던 손이 우뚝 멈췄다.

　김일성.

《위대한 수령 김일성 동지께서 밝혀주신 사람의 자주성에 관한 창조적사상》(사회과학출판사, 김덕유 지음)

　　　김일성이라니…! 초등학생 때 김일성 주석의 사망 속보

를 본 기억이 머릿속에 스쳤다. 교무실로 뛰어가 선생님들과 함께 뉴스를 보던 그 순간. 그런데 베를린 도서관에서 그 이름을 다시 보게 될 줄이야. 어쨌건 이 이름도 '아는 사람'이니 반갑다고 해야 하나. 그나저나 저 '사회과학출판사'라는 곳은 대한민국 출판사일까, 북한의 출판사일까? 한국에 돌아와 이 책에 대해 조금 더 알아보려고 검색하는데, '불법/유해 정보 사이트라 차단된다'는 경고가 뜨더니 사이트 접근이 제한되었다. '나 지금 혹시 국가보안법 위반한 건가?' 검색결과 대부분은 접속되지 않았고, 구글에 노출된 표지 이미지 정도만 확인할 수 있었다. 아쉽지만 자칫 위험할 뻔했던 나의 두근두근 대모험은 여기까지. (궁금하신 독자 여러분을 위해 밝혀두자면, 사회과학출판사는 북한 평양에 있다.)

최근 많은 도서관이 재건축 과정에서 전자검색대를 도입하면서 이제 도서목록카드함은 희귀한 물건이 되어버렸다. 도서목록카드함을 실제로 사용한 것도 고등학교 도서관에서가 마지막이다. 한때는 도서관의 상징과도 같았는데….

이제 1층 서가를 둘러보는데 책장 곳곳에 작은 메모지가 담긴 봉투가 걸려 있다. 다른 도서관에서는 본 적 없는 물건이다. 포스트잇을 책갈피 삼아 쓰면 끈적임으로 책이 손상될 수 있으니, 책을 잘 보존하기 위한 방편인 모양이다.

 그런데 이 도서관, 조명을 참 다채롭게 활용한다. 특히 가로등을 연상케 하는 주황빛 안내등은 그저 멋만 부린 게 아니라 서가를 분류한 표지판으로서의 역할도 한다.
 건물 전체적으로는 자연광을 활용해 눈이 편안하다. 그렇다고 자연광이 모든 조명을 대신하진 않는다. 테이블마다 개인용 조명기기가 설치돼 있다. 그런데 이 조명기기 디자인은 또 어떠한가. 군더더기 없이 딱 떨어지는 직선에서 단단한 고전미가 느껴진다. 시대가 바뀌어도 유행을 타지 않을 것 같다. 이곳 신관이 1978년에 지어졌으니 그 세월만큼 오래됐을

텐데, 내 작업실에도 하나 놓아두고 싶을 만큼 세련됐다. 좀 전에 본 종이 책갈피나 조명기기를 보면 물건에 대한 관리와 실용성을 중요하게 여기는 독일인의 특성이 엿보이는데, 바우하우스Bauhaus의 나라답게 멋을 잃지 않아서 더 좋다. 이렇게 내부 공간까지 높은 미감으로 완성된 곳을 겪어보니 잘 설계된 디자인이 주는 쾌적함에 대해 생각하게 되는 한편 공간 기획을 위해 모인 실무자들의 치열한 논의를 짐작해보게 된다. 저 탁상용 스탠드 하나를 결정하기 위해 얼마나 많은 샘플을 보고 또 보았을까?

베를린 국립도서관은 학생 이용률이 높은 것으로도 유명하다. 학생들은 카페나 공유공간 대신 도서관에서 공부한다. 그들을 보고 있으니 문득 도서관이 아닌 독서실을 다녔던 나의 학창시절이 떠올랐다. 집 가까이에 공공 도서관이 없어서였는데, 이렇게 좋은 환경에서 개인 작업을 할 수 있는 학생들이 부럽다.

이역만리 베를린에서 김일성 씨도 만나고 김동리, 김소월 선생도 만나게 될 줄이야. 거기에 독일 디자인 현장학습까지 포함된 '풀코스 견학'이라니. 가방 때문에 도서관 입장을 포기하고 그대로 돌아섰다면 얼마나 아쉬웠을까 싶다. 그러니 길을 잃은 여행자여, 당황하지 말지어다. 불쌍한 표정을 장착하고 주위를 둘러보면 도움의 손길은 어디에나 있을 테니. 사실 이번 일에서 얻은 가장 큰 교훈은 바로 이것이다.

'반드시 비상용 동전을 가지고 다닐 것.'

베를린 국립도서관 Staatsbibliothek zu Berlin
신관 Potsdamer Str. 33, 10785 Berlin, 독일
본관 Unter den Linden 8, 10117 Berlin, 독일
월-토: 8:00-22:00 / 일: 10:00-18:00
staatsbibliothek-berlin.de

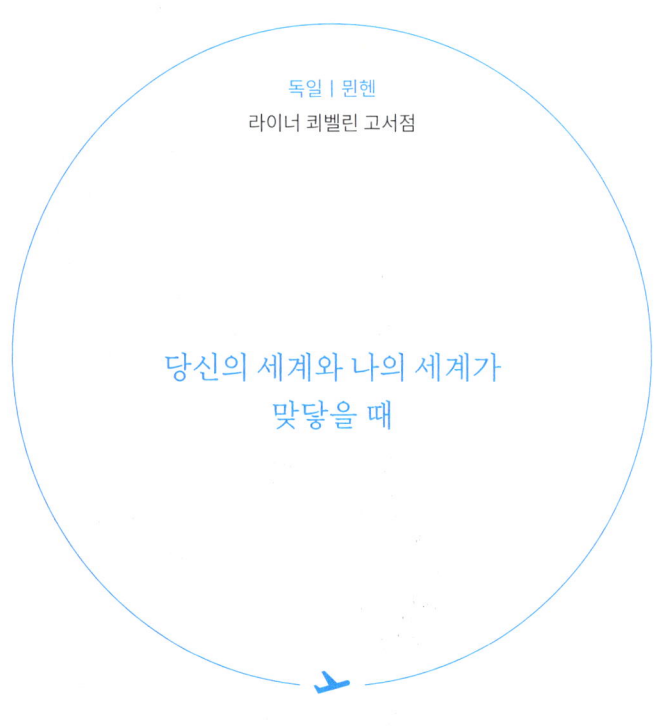

독일 | 뮌헨
라이너 쾨벨린 고서점

당신의 세계와 나의 세계가
맞닿을 때

누구나 취향은 있다. 굳이 드러내지 않는 취향도 있지만, 기꺼이 표현하고 주변과 나누고 싶은 취향도 있다. 운영자의 취향이나 성향이 강하게 드러나는 공간 중에는 단연 서점이 있다. 세계 곳곳의 서점을 방문하며 그런 부분을 더욱 강하게 느낀다. 물론, 서점 역시 책을 '판매'하는 곳인 만큼 대중의 요구나 유행에 민감해질 수밖에 없다. 그러나 서점 운영자는 그러한 시장의 요구와는 별개로 독립적인 취향과 관심사를 가진 개인이기도 하다. 프랜차이즈 서점의 공간이 매끈하고 균질하다면, 작은 동네 서점은 점주가 추구하는 분위기 속에서 책 관련 프로그램을 운영하며 공동체 역할도 한다. 이러한 기능이 동네 서점만의 매력이자 차별점이다. 다만 그 매력을 유지하기 위해 점주 혼자서 대부분의 서점 업무에 프로그램 기획까지 수행해야 하는 고충이 있으리라.

뮌헨의 고서점 라이너 쾨벨린에 찾아간 날, 하마터면 헛걸음할 뻔했다. 영업시간이 워낙 유동적이라 직접 가봐야만 매장을 열었는지 알 수 있었다. 주소지에 점점 가까워지는데 매장 주변을 정리하는 사장님이 보인다. 어쩐지 곧 문을 닫으려는 듯한 분위기에 서둘러 인사부터 건넸다.

"안녕하세요, 사장님! 혹시 영업이 끝난 건가요? 잠시만 살펴볼 수 있을까요?"

"오늘은 평소보다 일찍 정리하고 퇴근할까 싶었는데 이렇게 손님과 딱 마주치다니! 어서 안으로 들어오세요!"

빙그레 미소 지으며 안내하는 사장님을 따라 매장에 들어섰다. 'Antiquariat Rainer Köbelin'이라는 상호에서 짐작한 대로 이곳은 흔히 말하는 골동품Antiquariat 비율이 높다. 매장 쇼윈도에도 그림 액자나 고지도, 앤티크 소품이 정물화처럼 우아하게 배치돼 있다.

"오래된 물건이 정말 많네요. 사장님께서는 언제부터 매장을 운영하셨나요?"

"1967년에 작은 골동품 가게로 시작했으니 벌써 57년째군요. 처음엔 그림책 같은 것을 팔았지요. 지금 위치에서는 1984년부터 영업했고요."

"우와… 그럼 거의 평생이라고 할 수 있겠네요? 원래도 책이나 골동품에 관심이 많으셨나요?" 나는 그의 나이를 가늠하며 물었다.

"나는 오래되고 아름다운 책을 좋아해요. 우리 아버지가 항상 책을 읽으셨고 고서 수집도 하셔서 그 영향을 받기도 했을 테고요. (사장님의 부친인 카를 쾨벨린Karl Köbelin은 1848년부터 1945년까지 뮌헨에서 발행된 진보 성향 일간지 〈뮌헨 최신 뉴스Münchner Neuesten Nachrichten〉에 글을 기고하기도 했다.) 그런데 이제 더는 이어받을 사람이 없네요. 시대가 바뀌었으니까요. 이 거리에 고서점이 열 곳 이상이던 시절도 있었는데, 다 사라지고 여기 한 곳만 남아 있으니…. 지금은 그저 쉬엄쉬엄, 몸이 힘들지 않을 만큼만 운영하려고 해요. 어쩔 수 없이 영업시간이 들쑥날쑥하죠."

나중에 알게 된 이야기지만, 그는 지역신문과의 인터뷰에서 평생 서점을 운영해온 비결에 대해 "독일의 좋은 보험 덕분에 생계를 걱정하지 않아도 된 까닭"이라고 답했다. '생계 걱정'이라는 키워드를 접하니 언젠가 비슷한 주제로 이야기를 나누었던 또 다른 순간이 떠오른다. 라이덴의 시詩 전문서점 '인덱스 북숍Index Bookshop'에 들렀을 때의 일이다. 현지 서점 상황에 대해 묻는 내게 사장님이 멋쩍게 웃으며 이렇게 대답했다.

"책만 팔아서는 먹고살 수 없어요. 생활비는 다른 일을 해서 충당해야죠."

그러고 보니 전 세계 어느 서점을 가나 비슷한 이야기를 듣는다. 마냥 좋아하는 마음만으로는 서점을 유지할 수 없다. 책과 관련된 일을 '사양산업'이라고 쉽게 말해버리는 시대에는 특히 그렇다. 쉽지 않은 여건 속에서도 묵묵히 책의 정원을 가꾸는 서점 운영자들의 노고를 잠시 생각해보았다.

이 공간과 사장님을 기억하고 싶은 마음에 진열장으로 다가가 물건을 살펴보았다. 어떤 것이 좋을까? 문득, 손바닥만 한 작은 크기로 존재감을 내뿜는 낡은 책에 눈이 간다. 일반 단행본과는 모양이 좀 다른데… 아트북인가? 표지에 《괴테 가곡집Goethe-Lieder》이라는 제목이 적혀 있다. 슈베르트를 비롯한 음악가들은 괴테의 시로 곡을 만들었는데, 이것을 모아놓은 일종의 가사집인 듯하다.

　폴더 형태로 된 패키지는 책허리를 끈으로 묶은 모습이다. 끈을 끄르면 그 속에 빳빳한 카드가 15장 들어 있다. 총 여덟 편의 글과 여섯 점의 삽화가 양면으로 인쇄돼 있고, 가볍게 색을 입혔다. 독일의 시인 괴테의 시 노래에 일러스트레이터이다 베리슈Ida Berisch가 그림을 그렸는데, 1920년 오스트리아 빈에서 만들어졌으니 100년을 가볍게 넘긴 골동품이다. 형태상으로 낱장을 제본하지 않은 점이 일반적인 책과 구분되지만, 글과 삽화를 함께 배열하고 페이지 번호와 차례를 만든 것을 보면 책의 구성을 따른 것 같다. 표지와 내지에는 단

하나의 서체만 쓰였는데, 16세기부터 사용된 활자체 프락투어Fraktur이다. 21세기 사람인 나는 획이 두껍고 장식성이 강한 데다 자간과 행간마저 빽빽한 이 글자를 해독하기가 쉽지 않다(오늘날 독일어권 사람들도 프락투어체를 잘 읽지 못한다고 한다). 하지만 옛날 사람들에게는 이러한 활자가 일반적이었을 테니, 결국 가독성이라는 것은 익숙함의 문제이고 상대적인 것일지도 모르겠다. 내지를 좀 더 살펴보니 괴테의 대표 시 중 하나인 〈나그네의 밤 노래〉가 있다.

나그네의 밤 노래 Wanderers Nachtlied

봉우리마다
모두 쉬고 있다.
우듬지에는
바람 한 점
없고,
숲에는 새소리도 들리지 않는다.
기다려라,
너도 곧 쉬게 되리라.

_ 요한 볼프강 폰 괴테, 송영택 옮김, 《괴테 시집》, 문예출판사, 2015.

이 책은 부피가 작고 가벼워 짐을 늘리기가 부담스러운 여행자에게 안성맞춤이다. '좋아. 이것으로 정했어!' 책을 들고 계산대로 가니 책상 위에 크고 작은 가위가 꽂혀 있다. 반질반질 윤이 나는 것을 보니 연식이 상당할 것 같았다. 앤티크 느낌만 주는 소품이 아닌, 서점의 오랜 역사가 묻어 있는 '찐' 골동품이다. 장부에 수기로 판매 내역을 기록하는 사장님을 보니 이 아름다운 공간에 '다음'이 없다는 사실이 안타까웠다. 언제 다시 와볼 수 있을까? 잊지 않기 위해 이곳의 풍경을 눈에 담는데, 작은 상자 하나가 눈에 띄었다. 정확히는 그 속에 담긴 그림이.

상자 가득 담긴 것은 펜으로 그린 듯한 고양이 그림이다. 고양이라니! 고양이 애호가로서 결코 피해갈 수 없지. 나도 모르게 상자를 향해 손부터 뻗으며 사장님께 여쭈었다.

"사장님! 이 상자 속 그림은 무엇인가요?"

"아, 거기 있는 것은 모두 고양이 그림이에요. 잡지나 책에 실린 고양이 그림만 뜯어서 모아둔 것이죠. 원하면 가져가도 좋아요."

"그냥 가져가도 된다고요?"

"그럼요. 얼마든지 마음껏!"

'마음껏'이라는 사장님의 말에 잠시 이성을 잃을 뻔했으

나 흥분을 가라앉히고 그림을 찬찬히 살펴보았다. 사람에게 예쁨받는 고양이, 사람에게 쫓겨나는 고양이, 사람에게 대드는 고양이, 서로 싸우는 고양이… 온갖 고양이 그림이 가득하다. '아아아! 전부 갖고 싶다! 마음껏이란 대체 몇 장을 말하는 걸까? 이 중에서 몇 장을 원한다고 해야 염치가 있는 거지?' 나는 책을 고를 때보다 훨씬 더 신중하게 석 장을 고른 뒤 사장님에게 내밀었다.

"저… 이 그림들을 골랐어요. (무려) 석 장인데… 괜찮을까요?"

"그 그림 참 예쁘죠? 그럼요 몇 장이든 가져가도 좋아요. 고양이를 좋아하다 보니 오랫동안 고양이 그림을 수집하고 있지요. 우리 매장을 방문하는 분이 기념으로 가져가면 좋을 것 같아 따로 담아둔 거랍니다. 정말 멋진 그림이지 않나요?"

정말 멋진 것은 사장님이다. 게다가 이토록 사랑스러운 취향이라니! 저는 사실 이 상자를 통째로 업어가고 싶…(진정

Guck, guck! Nach dem Gemälde von G Wertheimer.

하자)!

아름다운 것을 사랑하는 그의 섬세한 취향이 서점 구석구석에 고스란히 스며 있다. 비싸고 귀한 골동품뿐만 아니라 아기자기하고 예쁜 것, 그에게 자랑스러운 것이 공기처럼 가득하다. 책 없는 곳에서는 살고 싶지 않다고 말하는 단호한 사람. 애써 모은 예쁜 그림을 아낌없이 선물하는 다정함으로 살아가는 사람. 손님과 나누는 대화가 좋아서 온라인 판매는 하지 않는다는 사람. 그가 만든 낭만의 세계에서 머물다 보니 그에 대해서도 아주 조금은 알게 된 것 같다. 만일 나의 세계가 조금이나마 넓어지고 다정해졌다면, 그것은 다정한 누군가의 세계에 잠시 다녀왔기 때문이다. 기꺼이 나를 받아준 세계가 있었기 때문이다.

라이너 쾨벨린 고서점 Antiquariat Rainer Köbelin
Schellingstraße 99, 80798 München, 독일
영업시간은 유동적이다.

Stuttgart

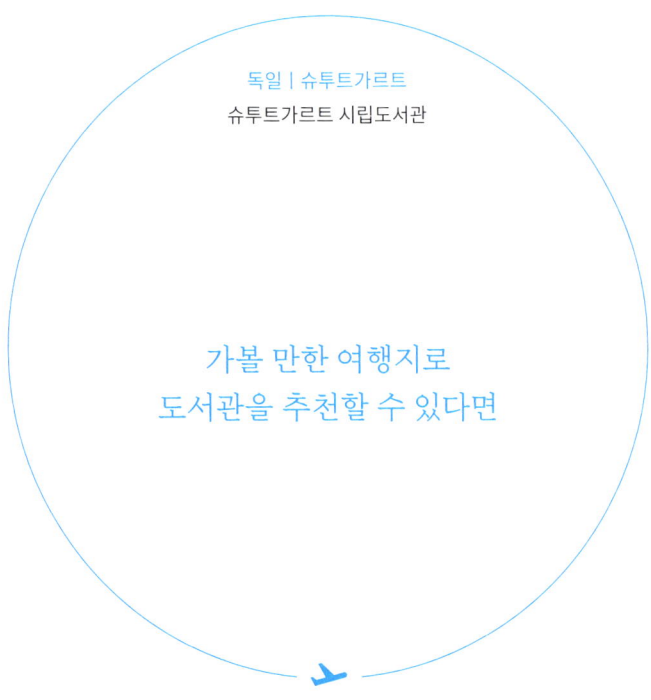

독일 | 슈투트가르트
슈투트가르트 시립도서관

가볼 만한 여행지로
도서관을 추천할 수 있다면

여행 계획을 짤 때 우선순위는 거의 정해져 있다. 미술관과 서점, 그리고 도서관. 내게는 더할 나위 없이 완벽한 코스이다. 책을 매개로 어떤 일이 일어나는지 여러 공간을 통해 들여다보는 일은 여전히 흥미롭다. 아름다운 곳에서 책을 읽고 싶다. 아름다운 곳에 있는 책이 보고 싶다. 그런 까닭에 업무에서 해방되어야 할 것 같은 여행지에서 책 만드는 사람으로서의 정체성을 오히려 더 강하게 느낀다.

    1901년 개관한 슈투트가르트 시립도서관은 2011년에 신관을 건축했다. 슈투트가르트 시가 주관한 건축설계 공모에 유럽 전역에서 총 235건이 응모되었는데, 한국인 건축가 이은영 씨의 디자인이 최종 선정되었다. 어디서든 눈에 띄는 큐브 모양 건물의 정체를 단번에 알아채기 어려운 것은, 외벽 어디에도 대문짝만 한 간판이 없기 때문이다. 그렇다고 이름표가 아예 없는 것은 아닌데, 건물의 상부 네 귀퉁이를 자세히 보면 '도서관'을 뜻하는 단어가 음각으로 새겨져 있다. 이는 세계의 문화권을 동서남북으로 나눈 것으로, 처음에 도서관장은 동쪽의 언어로 중국어나 일본어를 채택하려고 했다. 그러나 도서관 설계자인 이은영 씨의 의견을 받아들여 한국어가 새겨지게 됐다.

북쪽 — BIBLIOTHEK — 도서관의 정문이 있는 방향, 독일어
서쪽 — LIBRARY — 세계 언어로서의 영어
남쪽 — مكتبة — 모든 비유럽 문화를 대표하는 아랍어
동쪽 — 도서관 — 건축가 이은영의 고향을 의미하는 한국어

각각의 외벽에는 80개에 달하는 창문이 있다. 온통 사각형으로 이루어진 외관만 보면 건물의 용도를 도서관이라고 짐작하지 못할 것 같다(도서관 건물의 형태가 정해져 있는 것은 아니지만). 거대한 큐브 같은 이 도서관이 처음 공개됐을 때 호평과 혹평이 엇갈렸다고 한다. 파리의 상징인 에펠탑과 퐁피두 미술관도 처음엔 흉물스러운 디자인이란 비난을 면치 못했지만 바로 그 파격으로 인해 오늘날 관광 명소가 되었다. 슈투트가르트 시립도서관 역시 논란의 시간을 지나 지금은 도시를 대표하는 건축물로 자리 잡았으니, 새로운 것을 받아들이는 데에는 시간이 필요한가 보다. 그럼, 큐브 속으로 들어가 정말

도서관이 맞는지 확인해볼까?

정문은 독일어 BIBLIOTHEK(도서관)가 새겨진 북쪽 면에 있다. 이곳을 통과해 가장 먼저 만나는 공간은 4층 높이에 달하는 홀이다. 마치 전시가 끝나고 작품을 철수한 갤러리처럼 아무것도 없는 빈 공간이다. 위에서 흘러내린 온화한 빛이 벽에 부딪히며 신비한 분위기를 자아낸다. 대체 이 (아까운) 공간은 뭐란 말인가? 정체를 알기는커녕 점점 더 모르겠다. 앞선 방문객의 동선을 따라 나도 빈 공간을 어색하게 걸어본다. 공간의 고요함에 마음이 차분해지는 것은 건축가의 의도일까. 설계자에 따르면 이 홀은 로마의 판테온에서 영감을 받았다는데, 판테온이 원형 신전이라면 이 도서관은 사각형 신전인 셈이다. '책의 신전'을 향한 오마주를 고요와 빛이 완성한다. 이쯤 되면 내가 온 곳이 도서관이 아니라 현대미술관 아닌가 싶은데, 전혀 생각지도 못한 도입부를 만나고 보니 앞으로 만날 공간에 대한 기대감이 더욱 커졌다. 이 도서관, 뭐가 됐든 평범하진 않겠다. 큐브에 이어 판테온이라니. 또 뭐가 나올까?

홀을 나와 중앙 갤러리로 가기 위해 엘리베이터로 도착한 곳은 난간이 있는 발코니이다. 난간에 서서 아래를 내려다보자 기하학적 백색 공간이 펼쳐진다. 가상공간처럼 보이기

도 하고, 움직이는 사람들이 꼭 미니어처럼 보이기도 한다. 계단식 논처럼 여러 층으로 된 발코니는 유럽 왕실 도서관의 모습과도 닮아 있다. 이건 또 어디에서 모티프를 얻은 것일까? 자꾸 뭘 궁금하게 만드는 곳이다.

설계자는 건축이론가 에티에네 불레Étienne-Louis Boullée 의 〈왕립중앙도서관 프로젝트〉(1785)에서 영향받았다고 한다. 실제 건설로 이어지지는 않았다는 이 가상의 도면을 보면 과연 시대를 앞서간 건축가라는 생각이 든다. 넓게 비워진 중앙 홀을 두고 양 옆면을 계단식 논처럼 구성했는데, 앉아서 책을 읽을 만한 테이블이 보이지 않는 것이 특이하다. 대신 테이블

이 있을 자리에 사람들이 모여 이야기를 나누거나 바닥에 그림을 그리며 토론하는 모습을 그려 넣었다. 활발한 지식 교류의 장으로서의 도서관을 꿈꾸었던 설계가 아니었을까.

슈튜트가르트 시립도서관 중앙 갤러리는 내부 계단이 각 층을 연결한다. 엘리베이터를 이용해도 되지만 계단을 오르내리며 책장을 둘러보면 복층 서재를 오가는 기분이 든다. 그런데… 이 도서관에 50만 권의 장서가 있다고 하지 않았던가? 책장 곳곳이 비어 있다. 책장을 책으로 채우지 않다니! 용기가 대단하다는 생각이 드는 한편 아주 세속적인 의문이 고개를 들었다. '이렇게 넓은 공간을 멋 내느라 '허비'하다니? 명색이 도서관인데 장서를 없애고 보기에만 좋게 만든 건 아니겠지?' 나는 책의 행방이 진심으로 궁금해졌다. 분명 어딘가에 다람쥐의 도토리 창고처럼 책을 쌓아뒀을 텐데, 당최 눈앞에 보이지 않으니 말이다.

평면도를 확인하자 의문은 금세 해결되었다. 이 건물은 양파처럼 여러 겹으로 된 구조였다. 갤러리를 중심에 두고 필수 공간을 모두 뒷단에 배치한 것이다. 불현듯 '지저분한 물건은 모두 수납장에 넣는다'는 오랜 인테리어 공식이 떠올랐다. 갤러리는 여백의 컨셉을 드러내는 역할이다. 도서 대출을 위

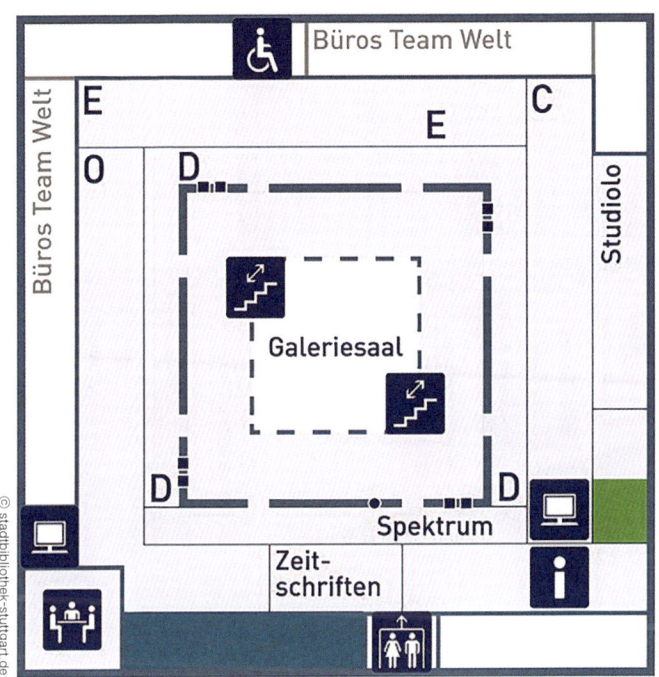

한 진짜(?) 열람실과 사무공간 등은 그 뒤에 있는 것이다. 건물의 용도나 공간의 실용성만 따져서는 쉽지 않은 결정이었을 텐데, 도서관을 그저 책 읽는 곳으로만 정의하지 않았기에 가능한 시도가 아니었을까. 그렇다면 도서관이 줄 수 있는 '정서의 환기'란 과연 어떤 환경에서 가능할까. 그 환기에 필요한 것은 '채움'보다는 '비움'이 아닐까. 그렇기에 공간에 충분한

여백을 두고자 한 것이 아닐까. 시각적인 비움이야말로 창작이나 감상을 위한 공간에서 반드시 필요한 것일 테니…. 이런저런 생각을 하게 된다. 이런 생각을 가능하게 한 것도 공간의 힘이다.

영화를 볼 때 되도록 예고편 보는 것을 삼가는 편이다. 이곳에 올 때도 최소한의 정보만 알고 왔다. '이토록 영감을 주는 곳인 줄 알았더라면 더 일찍 왔을 텐데….' 시간이 줄어드는 것이 못내 아쉬웠다. 이제 나는 누가 슈투트가르트에서

가볼 만한 여행지를 물으면 시립도서관을 강력하게 추천할 것이다. 그리고 덧붙일 것이다. 반드시 '오픈런'을 하라고. 평면도를 보면서 각 층의 구석구석을 탐험해보라고도 권할 것이다. 그러니까 이건, 미래의 나에게 하는 말이다.

슈투트가르트 시립도서관 Stadtbibliothek Stuttgart
Mailänder Platz 1, 70173 Stuttgart, 독일
월-토: 9:00-21:00 / 일: 휴관
stadtbibliothek-stuttgart.de

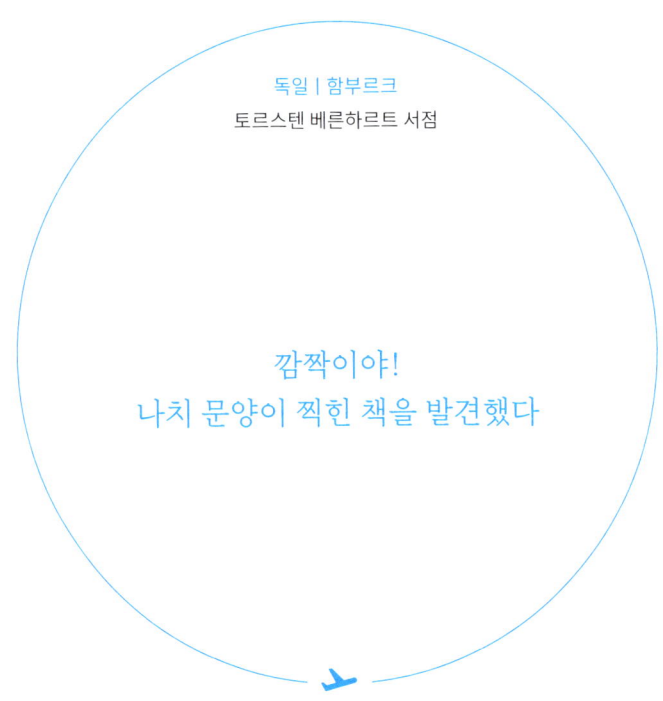

독일 | 함부르크
토르스텐 베른하르트 서점

깜짝이야!
나치 문양이 찍힌 책을 발견했다

　지도 앱을 사용하면서도 종종 길을 잃는 나이지만, 외국에서 서점을 찾아가는 일은 더더욱 쉽지 않다고 느낀다. 커다란 한국 간판에 익숙해진 탓이라고 해두자. 특히 유럽의 서점은 창업자의 이름을 그대로 딴 경우가 많아서 간판에 쓰인 글자 수도 꽤 많다. 그마저도 영어권이 아닐 땐 글자를 하나하나 짚어가며 모양을 대조해야 하는 데다, 간판에 책 아이콘이 그려진 것도 아니어서 단번에 찾는 건 꿈도 꾸지 않는다.

함부르크에 도착한 다음 날 찾아간 토르스텐 베른하르트 서점 역시 그랬다. 분명 목적지에 도착했다는데 도무지 찾을 수가 없다. 한참 동안 근방을 헤매며 생각했다. '혹시 폐업한 걸까?' 그 순간 깨달았다. 내가 또 제대로 못 보고 지나친 것이다. "폐업이 아니니 다행이지 뭐" 하고 중얼거리며 서점 문을 열었다. 높다랗게 쌓아 올려 천장에 닿을 듯한 책의 탑들을 보며 이웃과 이야기 삼매경인 사장님에게 인사를 건넸다. 두 분

은 곧 대화를 멈추고 어느 나라에서 왔는지, 무슨 일로 왔는지, 이곳은 또 어떻게 알고 찾아왔는지 등을 내게 묻는다. 독일인은 무뚝뚝해서 모르는 사람과 사담을 나누지 않을 것 같았는데, 이 또한 나의 편견이었을까?

방문객에 대한 정보 수집을 끝낸 사장님은 카운터 중앙에 걸린 큰 액자를 가리키며 지역신문에 실린 인터뷰 기사를 보여주셨는데, 사장님의 얼굴이 아주 크게 실려 있다. 토르스텐 베른하르트 서점은 인문서와 예술서를 주로 취급하는데, 수십 년 전 부친이 창업했고 지금은 자신이 가업을 잇고 있다고 한다. 예전에는 입출고를 일일이 손으로 기록한 터라 매장에 있는 모든 책을 아버지의 머릿속만큼 속속들이 파악하고 있지는 못하다면서. 그래도 안정적인 관리를 위해 조금씩 전산화 작업을 진행한 덕에 현재는 온라인 주문도 가능하다고 한다. 이런저런 이야기를 들으며 매장을 둘러보는데, 책장에 책의 분류를 표시하는 태그가 따로 없는 것 같다. 필요한 책을 '숨은 책 찾기' 하듯 일일이 뒤져야 하는 것이다. 이래서 재고를 완벽히 파악하지 못했다고 하신 거구나. 이렇게 책이 빼곡한 공간에 있을 때면 책들이 꼭 도미노 블록처럼 느껴져 왠지 긴장된다. 자칫 책탑을 쓰러뜨릴까 봐 가방을 더욱 단단히 움켜쥐었다.

이곳처럼 책의 분류가 정확하지 않은 서점에서는 어떤 방식으로 책을 살펴보면 좋을까? 내 경우는 먼저 서점을 가볍게 둘러보며 대강의 분류를 가늠한다. 그러다 원하는 장르의 책이 몰려 있는 책꽂이를 찾으면 그 앞에 서서 책등을 유심히 들여다보는 것이다. 크지 않은 서점은 대개 책등만 보이도록 책을 꽂아두어 표지를 확인하기가 쉽지 않다. 이럴 때 책등은 간이 표지 역할을 한다. 책 제목, 저자와 역자의 이름, 출판사 로고와 함께 표지의 디자인이 압축적으로 담겨 있기 때문이다. 마음에 드는 책등을 발견하면 한 권 뽑아 표지와 내지를 확인한다. 판권 페이지로 가면 언제 만든 책인지, 몇 쇄인지, 제작처는 어디인지도 확인할 수 있다. 이렇게 짧은 눈인사 끝에 뽑아 든 책이 마음에 든다면 그 근처에 있는 책도 내가 좋아하는 것일 가능성이 높다. 그때부터는 망설임 없이 손에 잡히는 대로 꺼내어 본다. 그러다 보면 비록 읽지 못하는 언어일지라도 내용을 짐작할 수 있는 것이 있고, 희귀한 도판 자료를 발견하기도 한다. 음악을 디깅 digging하듯 우연의 흐름대로 책을 찾다 보면 얻는 '득템'의 즐거움이다.

이날도 서점 책장 사이로 난 좁은 통로에 서서 책을 디깅하던 중이었다. 그런데… 나도 모르게 숨을 참고 말았다. 집어든 책에 찍힌 스탬프 문양이 너무나도 낯익었던 것이다.

하켄크로이츠Hakenkreuz. 국가사회주의 독일 노동자당, 즉 나치의 상징이 아닌가. 잠시 동공이 흔들린 나는 카운터의 사장님을 슬쩍 돌아보고 일행에게 은밀히 다가갔다. 그리고 개미만 한 소리로 물었다.

"이 책 좀 봐봐. 이거 나치 문양 맞지? 서점에 이런 게 유통돼도 괜찮은 건가?" 마치 나치 독일로 돌아간 듯 심장이 쪼그라들었다. 독일에 머무는 동안 곳곳에서 마주한 홀로코스트의 잔상이 마음 깊이 남아 있었다. 그럴 때마다 《안네의 일기》를 읽던 초등학교 4학년으로 되돌아간 듯했다. 일기 속 이야기는 감히 내가 상상할 수 있는 것이 아니었지만, 그 책을 읽고 또 읽으며 내 또래 여자아이의 고통에 감정이 동요되곤 했다.

눈을 동그랗게 뜬 채 잔뜩 쪼그라든 나를 보며 일행은 의아하다는 듯 말했다.

"그런데 아까부터 왜 속삭이는 거야? 그렇게 속삭이지 않아도 괜찮아."

"아니, 그래도… 여긴 독일이잖아. 특정 단어나 혐오 표현은 조심해야 하는 거 아닌가 해서. 나치라는 말을 그냥 아무렇게나 해도 되는 거야?"

"나치를 찬양하는 발언은 아니니까 괜찮지."

"대체 무슨 책이기에 나치 문양이 찍혀 있는 거지?"

나치 독일 시대에 실제로 사용된 흔적을 눈으로 보자 마음이 혼란스러워졌다. 내가 찾은 책은 프리드리히 랑게Friedrich Lange의 《모라비아: 중부 유럽의 중심Mähren: Mitteleuropas Mitte》으로, 1940년 라이프치히와 베를린의 B.G. 토이브너B. G.

Teubner 출판사의 '권력과 대지' 시리즈로 출간되었다. 책에 찍힌 나치 스탬프에는 "NSLB-Reichswitg. Bayreuth"라는 표기가 함께 새겨져 있는데, 이는 '바이에른민족사회주의교사연맹 Nationalsozialistischer Lehrerbund'이라는, 1929부터 1943년까지 활동한 나치 산하 기구를 가리킨다. 권력을 장악한 나치당이 교사 조직으로 승인한 유일한 곳이라고 한다. 나치를 '지지한' 교사 조직이라니!

　문득, 나치 독일 시대에 출판이 어떤 상황에 놓여 있었는지 떠올려보게 되었다. 1933년 5월 10일 베를린 베벨 광장, '비非 독일인의 영혼을 정화한다'는 명분 하에 히틀러의 오른팔 괴벨스가 주도했던 분서焚書 사건. 이날 불태워진 수많은 유대계 작가와 사회주의 지식인의 책은 단순한 종이 뭉치 이상의 것이었다. 한마디로 인간의 자유로운 정신을 짓밟아 무력화하고 공포를 조장해 지배하려 한 사건이었다. 비非 독일적이라 판단한 책은 죄다 쓸어버리면서 한편으로는 그들 역시 출판을 나치당의 사상화 작업에 이용하다니. 참으로 어둡고도 슬픈 책의 역사다.

소설에서 열린 결말을 싫어하는 나이지만 서점에 갈 때만큼은 그 반대이다. 모든 서점은 그 서점만의 이야기를 품고 있을 테니 그들이 준비한 '의외의 것'을 기꺼이 만나고 싶다. 순전히 표지 디자인이나 책 제목에 반해 책을 사기도 하고, 그렇게 즉흥적으로 만난 책에 언급된 장소를 찾아가기도 한다. 꼬리에 꼬리를 무는 다채로운 경험이 나의 세계로 온전히 편입되는 순간이다. 언젠가부터 조금은 무디어졌던, 책 더미를 누비며 탐험하는 감각이 되살아난 하루였다. 어쩌면 이 감각은 도서상품권을 손에 꼭 쥐고 신중하게 책을 고르던 나의 어린 시절이 보내준 선물이 아닐까.

토르스텐 베른하르트 서점 Antiquariat und Buchhandlung Torsten Bernhardt e.K.
Wandsbeker Chaussee 159, 22089 Hamburg, 독일
월-금: 10:00-18:30 / 토: 10:00-15:00 / 일요일: 휴무
영업시간은 다소 유동적이다.

New York

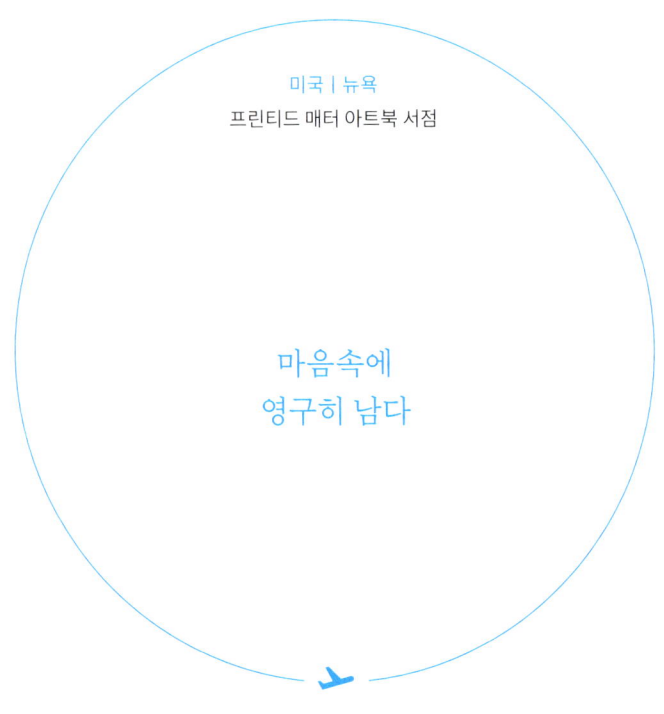

미국 | 뉴욕
프린티드 매터 아트북 서점

마음속에
영구히 남다

　가장 작은 인쇄물이라면 뭐니 뭐니 해도 '스티커' 아닐까? 누구나 적은 비용으로 손쉽게 제작할 수 있고, 멀리서 보면 작은 종잇조각이지만 메시지를 전달하기에 충분한 스티커는 이미 어엿한 '매체'로 자리 잡았다. 구호를 외치거나 캠페인을 홍보하는 도구로 쓰이기도 하고, 작품을 알리기 위한 굿즈가 되기도 한다. 고작 몇 센티미터로 존재감을 야무지게 뽐낸다. 종종 담벼락에 무리 지어 붙어 있는 스티커를 볼 때가 있는데, 서로 다른 정체성이 뒤엉킨 모습이 아웅다웅한 이 세계의 축소판 같다. 언젠가부터 나는 스티커만 보면 유명인을 본 것처럼 쫓아가 사진을 찍는다. 이제 슬슬 수집의 단계로 넘어가는 중인데, 뉴욕의 아트북 서점 '프린티드 매터'를 방문한 일이 그 계기가 아니었을까 짐작한다.

언젠가 한 매체에 도쿄 아트북페어에 관한 리뷰를 쓰면서 여러 나라의 아트북페어에 영향을 미친 프린티드 매터에 자연스럽게 관심을 갖게 되었다. 주류 갤러리 시스템에 편입되지 못한 예술가는 작품을 소개할 채널을 다양하게 확보하지 못하는 경우가 많다. 책자나 포스터를 직접 제작하기도 하지만, 대개는 홍보하거나 판매할 만한 플랫폼이 마땅치 않다. 이러한 상황에서 1976년 뉴욕의 아티스트와 비평가가 주축이 된 독립적인 비영리법인 프린티드 매터Printed Matter, Inc.가 설립되었다.

프린티드 매터는 예술가들이 작품을 발표할 수 있는 행사를 기획하고 작품집을 판매할 수 있도록 했다. 초기에 예술가들은 작품 정보와 이미지가 인쇄된 도록이나 포스터 정도를 제작했지만, 점차 출판 자체를 작품 활동의 연장으로 보게 됐다. 종이 매체를 통한 예술 실험이 시작된 것이다. 일반 서점에서 볼 수 없던 다양한 형태의 인쇄물에 대한 수요가 늘어나자, 프린티드 매터는 예술가들을 한자리에 모아 그들의 작품을 선보일 방법을 찾았다. 이것이 2004년 개최된 '뉴욕 아트북페어'이다. 이 행사의 대성공에 힘입어 2013년에는 LA 아트북페어를 개최함으로써 전 세계 독립출판과 아트북페어의 큰 흐름을 이끌었다.

이 같은 설립 배경을 알고 있어서였을까. 프린티드 매터 방문을 앞두고 '예술 본부'에 발을 들인다는 기대감이 점점 커졌다. 마침내 뉴욕 맨해튼에 있는 프린티드 매터에 들어섰을 때 일반 서점과 크게 다르지 않은 평범한 외관에 약간 실망하고 말았다. 물론 아트북을 전문으로 취급하는 곳답게 그림이나 예술가의 사인이 곳곳에 걸려 있고 북페어에 참가한 각국의 책이 진열돼 있어 키치한 분위기를 자아내지만, 공간 자체가 인상적이진 않았다.

일반 서점이 텍스트 중심의 단행본을 취급한다면, 이곳은 텍스트보다 비주얼이 강조되는 책의 비중이 높다. "픽미 픽미 픽미업!" 마치 꼬리를 활짝 편 수컷 공작새의 뽐내기 오디션을 보는 듯하다. 고급스러운 후가공이 몇 가지나 사용된 책, 페이지마다 다른 용지로 만들어진 책을 보면 깜짝 놀라고 만다. 기성 출판 시스템 속에서 제작비까지 고려해 책을 디자인하는 나로서는 웬만해선 시도할 수 없는 방식이다. 아트북의

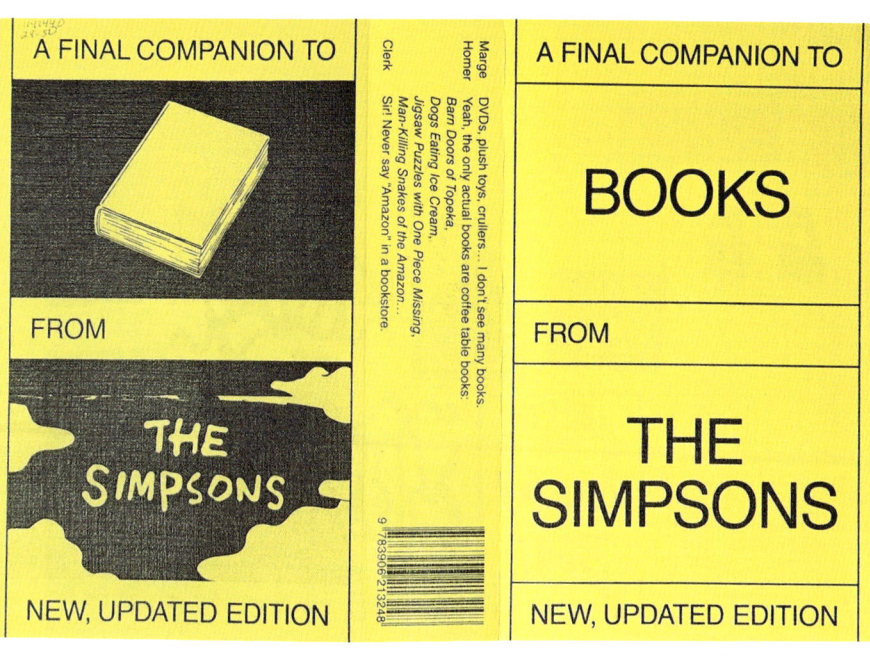

TV 시리즈 〈심슨 가족〉의 흑백 스크린샷 330컷을 수록한 아트북

책값이 높을 수밖에 없는 또 하나의 이유는 각 타이틀을 수십 권에서 수백 권 단위로 소량 인쇄하고 작업 공정도 수작업인 경우가 많아서다. 그러다 보니 공장에서 대량으로 제작하는 기성품처럼 가격이 저렴하거나 물리적인 만듦새가 완벽하기 힘들다. 대신 한 페이지 한 페이지에 담긴 작가의 작품 세계와 창작의 에너지를 오롯이 느낄 수 있다. 대중이 이를 기성 단행본과 조금 다른 방식으로 감상하고 소장하고자 하는 것은 아

"여성의 권리야말로 인권이다 WOMEN'S RIGHTS ARE HUMAN RIGHTS"

트북이 작은 예술품이라는 것을 알기 때문이리라.

나는 화려한 매대에 이끌려 이 책 저 책 들여다보다가, 이미지의 해상도가 엉망인 데다 제본 상태도 불량한 책 한 권을 집어 들었다. 당장이라도 낱장이 다 떨어져나갈 것처럼 '허약미'를 뽐내는 이 노란색 책을 나는 '인디'스러운 뉴욕의 기념품으로 낙점했다. 계산을 마치고 서점을 나서기 전 화장실에 들렀는데, 화장실 문을 열다 말고 우뚝 멈춰 섰다. 매대에 진열된 책만큼이나 현란한 스티커와 낙서가 화장실 벽을 도배하다시피 하고 있었다. 아티스트의 작품을 인쇄한 것, 정치적인 구호를 담은 것, 도무지 정체를 알 수 없는 것… 크기와 모양도 제각각이다. '겨우 요만한 종잇조각에 다들 진심이구만' 하고 감탄했다.

출판인의 피는 못 속이는지 제멋대로(?)인 스티커들 사이로 책을 들고 있는 까만 유령 캐릭터가 가장 먼저 눈에 들어온다. 아직 책을 읽어본 적 없는 꼬마 유령 크니기는 생일을 맞아 고모에게 책을 선물받는다. '책이라는 건 도대체 어떻게 읽어야 하는 걸까?' 책을 읽기 위해 애쓰는 꼬마 유령 크니기의 사랑스러운 이야기는 벤야민 좀머할더의 그림책《책 읽는 유령 크니기》(토토북)에서 읽을 수 있다. 이 책은 '2011년 스위스에서 가장 아름다운 책'으로 선정됐다.

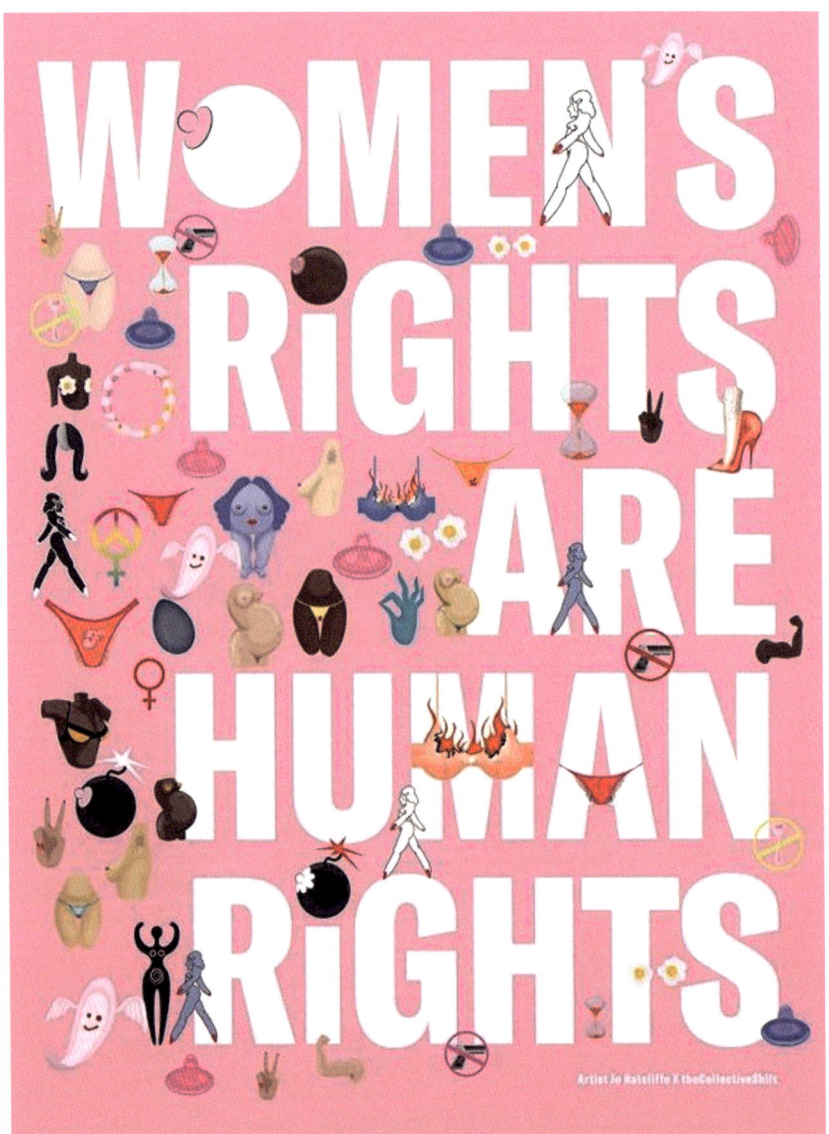

© Jo Ratcliffe

그다음으로 눈에 띈 스티커는 크니기 아래에 붙어 있는 핑크색 스티커로, "여성의 권리야말로 인권이다WOMEN'S RIGHTS ARE HUMAN RIGHTS"라는 구호가 붙어 있다. 깃발을 들고 행진하는 여성의 몸을 기이하게 표현했는데, 붉은 매니큐어를 칠한 손가락에 여성의 팔과 다리를 합성한 것이다. 2017년 1월 20일, 그러니까 도널드 트럼프 1기 행정부가 출범하던 날, 미국 전역에서 대규모 집회가 열렸다. 여성과 소수계의 권리와 정책의 중요성을 외친 '워싱턴 여성 행진Women's March on Washington'이다. 런던에서 활동하는 그래픽 아티스트 조 래트클리프Jo Ratcliffe는 이 행진을 위한 포스터와 스티커의 그래픽을 작업하며 여성운동에 연대하는 정치적 메시지를 담아내고자 했다. 그가 여성의 신체적 특징을 비틀어 표현한 페미니즘 이모지는 페모지Femojis라고 불렸고, 페모지가

인쇄된 포스터와 스티커가 시위에서 배포되었다.

또 옆으로 재미있는 낙서가 하나 보인다. 맥도날드의 마스코트인 로널드 맥도날드의 얼굴에 히틀러의 얼굴을 합성한 것이다. 화장실 벽에 나란히 그려진 이 석 점의 그림 위로 누가 또 다른 스티커를 붙였는데, 미국의 정치인 버니 샌더스가 머리에 장미 화환을 쓰고 있다. 서로 다른 작품이 맞닿아 또 다른 장면을 연출하는 게 꼭 롤링페이퍼 같다. 스티커를 이용해 정치인이나 독재자를 희화화하고 정치적인 구호도 외치는 이곳 화장실이 광장이나 다름없다는 생각이 들었다.

서점 화장실에 가장 먼저 스티커를 붙인 이는 누구였을까. 전시가 끝나고 남은 스티커를 붙인 것인지, 시위 참가자가 서점에 들렀다가 붙인 것인지는 알 수 없다. 어떤 경우든 누군가는 붙이고 누군가는 들여다본다. 그렇다면 스티커를 붙이는 행위도 전시가 될 수 있지 않을까. 비록 저 옆에 있는 변기와 계속 눈을 맞추게 되긴 하지만, 배설의 상징으로서 변기는 또 얼마나 기막히게 어울리는지! 어느새 스티커에 깊이 심취한 나는 문득 이 말의 어원이 궁금해졌다. 스티커sticker란 '붙는 것'이란 뜻이다. 그렇다면 붙는다stick는 건 무슨 뜻일까?

a. 중세 영어stiken, 고대 영어stician에서 유래한 말로 '고정되어 남다, 꼼짝 못하게 되다, 붙어 있다'와 같은 의미를 가진다.

b. '마음속에 영구히 남다'라는 비유적 의미.

etymonline.com/word/stick을 재구성함

　이 중에서 '마음속에 영구히 남다'라는 한 줄이 내 마음에 스티커처럼 착 달라붙는다. 전쟁, 젠더, 환경… 이 모든 거대 담론이 조그마한 종이 쪼가리에 옹기종기 들어 있구나. 때로 스티커는 제작자의 명함을 대신하기도 한다. 간혹 스티커 한 귀퉁이에 쌀알 크기로 새겨진 카피라잇 표기나 SNS 계정을 발견할 때가 있다. 나는 이 작은 실마리를 따라가 스티커 제작자를 찾아본다. 그러다 마음에 드는 작가를 발견하면 언젠가 협업하고 싶다는 마음으로 그의 포트폴리오를 내 곳간(폴더)에 차곡차곡 쌓아둔다. 이때 스티커는 그야말로 씨앗 같은 역할을 한다.

이제 나는 누가 뉴욕에 간다고 하면 프린티드 매터 서점에 꼭 가보라고, 그곳에 가거든 화장실에 가는 것을 잊지 말라고 당부한다. 영화의 쿠키 영상을 먼저 본 오지랖 넓은 사람처럼 힌트를 주는 것이다. 나 역시 언젠가 이곳을 다시 방문하게 된다면 내가 만든 스티커를 가져가서 변기 옆에 착! 거울 옆에 착! 붙이고 올 것이다. 이 또한 누군가의 마음속에 영구히 남기를 바라면서.

프린티드 매터 아트북 서점 Printed Matter
231 11th Avenue, New York, NY 10001, 미국
화-토: 11:00-19:00 / 일: 11:00-18:00 / 월: 휴무
printedmatter.org

Buenos Aires

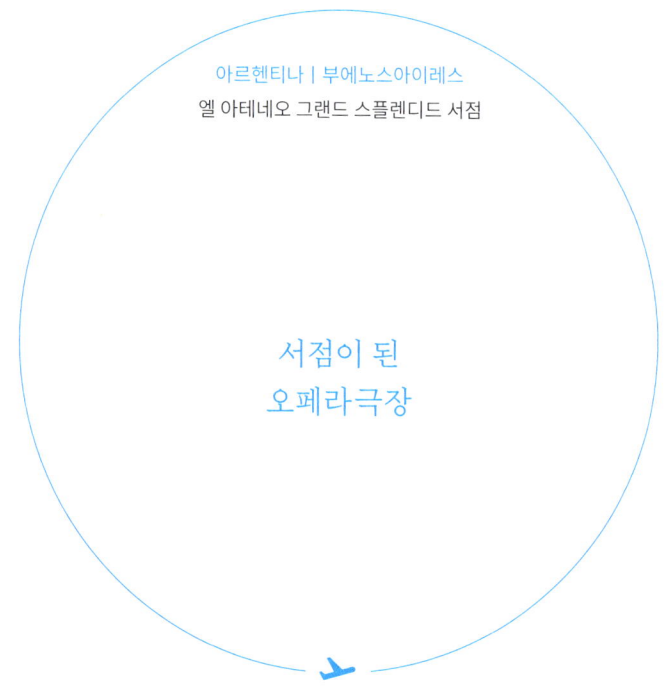

아르헨티나 | 부에노스아이레스
엘 아테네오 그랜드 스플렌디드 서점

서점이 된 오페라극장

　남아메리카 여행을 계획하며 지도를 펼쳤을 때, 익숙한 지명 하나가 눈에 들어왔다. 바로 아르헨티나의 수도 부에노스아이레스. 발음도 쉽지 않은 이 도시의 이름을 처음 접한 것은 초등학생 시절 읽은 《엄마 찾아 삼만리》에서였다. 열세 살 소년 마르코는 이탈리아의 항구도시 제노바에 살고 있다. 아빠의 무능함으로 집안 형편이 어려워지자 그의 엄마는 돈을 벌기 위해 먼 타국으로 떠난다. 가정에 무관심한 아빠 대신 집안일까지 돌보아야 하는 외롭고 지친 마르코는 어느 날, 엄마를 찾으려고 무작정 길을 떠난다. 머나먼 '부에노스아이레스'를 향해. 마르코의 고단한 여정은 놀라움의 연속이었다. 그를 따라 광활한 대지의 풍광과 도시의 번화함을 바라보는 사이, 어느새 내 마음속에 부에노스아이레스가 들어와 있었다.

그런데 막상 부에노스아이레스에 도착하고 보니 여기가 내가 아는 거기가 맞나 싶다. 시간이 흐른 만큼 책 속 풍경이 그대로일 리 없지만, 내 상상 속 사탕수수 농장과 끝없는 들판은 온데간데없고 차와 사람으로 붐비는 대도시가 나타났다. '그래, 여행이란 예상대로 흘러가지 않는 법이지. 기왕 도시에 머물게 되었으니 다음 이동까지 충분히 휴식하면 되겠다.' 해발고도 3, 4천 미터의 페루와 볼리비아, 칠레 등지를 돌아보는 남아메리카 여행은 그야말로 '하드코어'한 여정의 연속이었다. 약도 안 듣는다는 고산병의 무서움을 체험하기도 했다. 이제 저 높은 공중이 아닌 지상에 머물게 되니 여독이 풀리면서 호흡이 편해지고 컨디션이 살아났다. 내내 긴장했던 마음에도 여유가 생겼다.

그렇게 나는 별다른 계획 없이 며칠을 쉬었다. 산책하다 들어간 동네 레코드점에 붙은 포스터를 보고 재즈 공연에 가

기도 하고, 아무 버스에나 탑승해 시내 구경을 하기도 했다. 어차피 노선도를 보아도 어딘지 알 수 없으니 전속 운전사가 딸린 드라이브라 여기면서. 마음에 드는 풍경의 동네가 나타나면 훌쩍 내려 목적지 없이 걸었는데, 그러다 한눈에도 변화가 임을 알 수 있는 지역으로 들어섰다. 레콜레타Recoleta라 불리는 이 일대는 부에노스아이레스에서 가장 부유한 동네로, 고급 상점이 밀집해 있다. 관광객에게는 아르헨티나의 대통령과 노벨상 수상자들이 잠들어 있는 아름다운 공동묘지가 있는 곳으로 알려졌는데, '에비타'로 불리는 에바 페론의 묘도 바로

이 묘지에 있다.

　한적한 거리에서 앤티크 상점을 구경하다 큰길로 나오니 화려한 건물 앞에 모인 사람들이 보인다. 번쩍이는 금색 간판에 극장처럼 보이는 아이콘이 붙어 있는 것으로 보아 공연장 같았다. 저녁에 탱고 공연을 보는 것도 좋겠다 싶어 안내문을 보려고 쇼윈도에 다가갔다. 그런데 공연 포스터는 안 보이고 책이 진열돼 있다. 음악 전문서점이라도 입점해 있는 걸까? 서점도 둘러보고 공연 팸플릿도 챙길 겸 안으로 들어갔다.

그런데… 눈앞에 나타난 것은 휘황찬란한 대공연장이다! 눈부신 조명과 화려한 발코니석도 익숙한 공연장의 풍경 그대로이다. 그런데 관객석이 있어야 할 구역을 채운 것은 다름 아닌 책과 책을 골라 장바구니에 담는 사람들이다. 당장 오페라 공연을 올려도 이상할 것이 없어 보이는데, 어쩌면 공연도 하고 책도 판매하는 복합문화공간인가?

'그랜드 스플렌디드Teatro Grand Splendid'라는 이름만큼이나 웅장함을 뽐내는 이 건물은 1919년에 탱고 쇼를 위해 세워진 1천 50석 규모의 대극장이었다. 공연장의 역할을 다한 후에는 라디오 방송국LR4 Radio Splendid과 영화관으로도 운영됐는데, 아르헨티나 최초의 유성영화 〈신의 여인〉(1929)도 이곳에서 상영됐다. 탱고의 전설 카를로스 가르델Carlos Gardel이 녹음했던, EMI의 전신이기도 한 레코드 레이블 '나시오날 오데온Nacional-Odeon'도 한때 이 건물에 자리하고 있었다. 그러나 아르헨티나의 경기침체가 길어지면서 그랜드 스플렌디드도 철거 위기에 놓이고 말았는데, 이를 임대하겠다며 나타난 이가 바로 일사Ilhsa 그룹이다. 서점 '엘 아테네오El Ateneo'를 40곳 이상 보유한 아르헨티나의 출판그룹 일사는 그랜드 스플렌디드 극장을 개조해 2000년부터 서점으로 운영하기 시작했다. 2천 제곱미터의 면적에 12만여 권의 장서를 보유한

라틴아메리카 최대 규모 서점 '엘 아테네오 그랜드 스플렌디드'가 탄생한 것이다. 비록 용도는 바뀌었지만 극장의 원형을 그대로 보존한 덕분에 지역민에게는 역사를 간직한 자랑스러운 서점이, 외부인에게는 꼭 한번 찾아가보고 싶은 명소가 되었다. 영국의 〈가디언〉은 엘 아테네오 그랜드 스플렌디드를 세계에서 두 번째로 아름다운 서점으로 꼽았으며(2008), 〈내셔널 지오그래픽〉은 세계에서 가장 아름다운 서점으로 선정하기도 했다(2019).

나는 이브닝드레스를 입은 듯 우아한 이 서점의 정체가 궁금해졌다. 맨 윗층으로 올라가 전체를 둘러보니 먼저 원형

돔 천장에 그려진 직경 20미터의 프레스코화가 눈에 띈다. 황금빛 실내와 대비되는 온화한 색감의 그림은 이탈리아의 예술가 나자레노 올란디Nazareno Orlandi의 작품이다. 멀리 맞은편을 내려다보니 철거하지 않고 옛 모습 그대로 보존한 '무대'가 보인다. 무대 양옆으로 길게 늘어진 붉은색 벨벳 커튼도 그대로이다. 연기자들이 저 커튼 뒤에서 등장 순서를 기다리고 있을 것 같은 이 무대는 현재 카페로 영업 중이다. 사람이 살면서 무대에 오를 일이 얼마나 있겠는가. 그런데 이곳에서는 테이블에서 커피를 마시거나 책을 읽는 손님마저도 공연 속 한 장면처럼 보인다는 게 몹시 흥미롭다.

그런데 여기가 정말 서점이라니, 서점에 무대라니! 정말

이지 파격적인 변신이다.

　이제 아래층으로 내려가볼까? 2, 3층은 과거 발코니석이었던 곳으로, 지금은 구매한 책을 읽으며 쉬는 장소로 바뀌어 있다. 탱고 음악가의 포스터가 전시된 복도를 따라 1층으로 내려가니 탱고 음반을 판매하는 섹션이 대극장이었던 옛 정체성을 잊지 않았음을 보여준다. 각 층 구석구석을 살펴보는 동안 이 공간의 서사를 온전히 느낄 수 있다. 아르헨티나 탱고 스타들이 노래했던, 지금도 온전히 남아 있는 저 무대에 다시 공연이 올려지면 어떨까? 책과 관련된 음악이 오케스트라 라이브로 연주된다면? 한 공간이 오랫동안 품어온 시간 속에서 현재의 모습을 겹쳐 보는 것은 상상력을 자극하고 입체감을

부여하는 경험이다. 그래서일까, 분명 서점을 보고 왔는데 공연장에 다녀온 기분이다.

예정에 없던 버스 투어가 오늘도 나를 좋은 곳으로 데려다주었다. 사탕수수 농장보다 더 크고 광활한 책의 농장으로, 아름다운 책의 무대로. 마르코는 결국 엄마를 만났고, 나는 과거의 극장과 현재의 서점을 동시에 만났다. 그러니 모든 것이 새로워야 할 필요는 없다. 오래된 것의 가치는 '이야기'에 있으므로. Bravi!

엘 아테네오 그랜드 스플렌디드 서점 El Ateneo Grand Splendid
Av. Sta. Fe 1860, C1123 Cdad. Autónoma de Buenos Aires, 아르헨티나
월-토: 09:00-21:00 / 일: 12:00-21:00
yenny-elateneo.com

Brussel

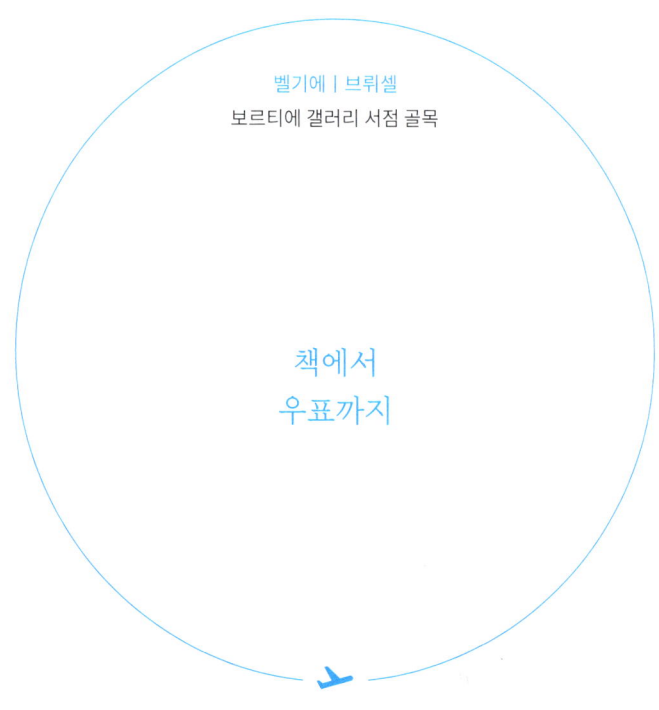

벨기에 | 브뤼셀
보르티에 갤러리 서점 골목

책에서
우표까지

　여행을 계획할 때면 미술관과 서점, 도서관을 삼각형의 세 꼭짓점에 놓고 오가기 쉬운 동선을 짜곤 한다. 방문할 곳의 위치와 운영 시간도 여러 번 확인하지만, 막상 현지에 가면 뜻대로 되지 않을 때가 많다.

　브뤼셀을 방문한 건 오랫동안 벼르던 벨기에 왕립미술관 전시를 보기 위해서였다. 아침부터 오후까지 이어진 미술관

관람을 마친 뒤 근처 서점에 가보자는 계획을 세웠다. 알베르틴 광장Place De L'albertine을 향해 걸으며 바라보는 주말 풍경이 유난히 느긋하다. 사생대회에 참가한 아이들, 음악에 맞춰 춤을 추는 사람들, 시내가 한눈에 내려다보이는 계단에 앉아 볕을 쬐고 사진을 찍는 사람들…. 나도 잠시 걸음을 멈추고 사람들 사이에 섞여 기분을 내려다 내리쬐는 땡볕에 얼마 못 가 자리를 털고 일어났다.

그러고 나서 찾아간 서점. 그런데 서점이… 없다. 주소는 분명 맞는데, 그 자리에 신축 빌딩만 덩그러니 서 있다. 이전한 걸까, 폐점한 걸까. 혹시 몰라 근처 다른 건물도 가봤지만 아무래도 없어진 게 맞는 것 같다. 이렇게 일정에 구멍이 뚫릴 땐 빠르게 포기해야 한다. 속상해한다고 해결되는 것은 없으니까. '기왕 이렇게 됐으니 거리 구경이나 해볼까?' 하며 번화가로 나섰다. 와플의 나라 벨기에답게 길거리 음식도 와플이 대세이고, 사람들이 길게 줄을 선 와플 전문점도 보인다. 나도 그 행렬에 동참하고자 와플 앞으로 씩씩하게 걸어갔다. 그런데, 잠깐만. 지금 그거… 책? 걸음을 멈추고 방금 지나온 길을 되돌아갔다. 불 꺼진 상점에서도 빛을 내는 듯한 작은 사각형. 쇼윈도 장식일까, 아니면 진짜 책을 파는 서점일까. 상가 전체의 불이 꺼져 있어 잘 보이지는 않지만, 책을 저만큼 쌓아둔 걸 보면 분명 서점이 맞다. 혹시 오늘 가려 했던 그 서점이 이곳으로 이전한 것은 아닐까? 다시 한번 주소지를 확인해보았지만 여긴 전혀 다른 곳이다.

이른 오후인데도 서점이 있는 보르티에 갤러리Galerie Bortier는 영업이 끝났는지 아케이드로 통하는 문이 잠겨 있다. 예사 건물로 보이지는 않는데… 일단 서점의 존재를 알게 됐으니 다시 와보기로 마음 먹었다.

다음 날 아침, 서점 '오픈런'을 위해 서둘러 숙소를 나섰다. 오후에는 암스테르담으로 돌아가야 해서 마음이 급했다. 이번이 14년 만의 브뤼셀 방문인데, 세 번째 방문은 또 언제가 될지 알 수 없다. 어제 그 서점에 들어가볼 수 있다면 참 좋을 텐데…. '다다다다!' 경보 모드로 걸으며 상점가를 지나는데, 일요일 오전이라 그런지 죄다 문을 닫았다. 슈퍼도 안 열었는데 과연 서점은 열었을까? 어제 왔던 길을 되짚어 가며 속도를 내는데 저 멀리 아케이드 입구가 보이기 시작한다. 어제 닫혀 있던 문도 열려 있다!

가쁜 숨을 몰아쉬며 상가에 들어서자 이른 아침부터 서점을 찾은 방문객이 꽤 많다. 이 구석진 곳을 다들 어떻게 알고 찾아온 걸까? 그것보다 이 상가, 뭐가 이렇게 고풍스럽지?

브뤼셀에서는 여러 만화의 캐릭터가 그려진 벽화를 50개 이상 볼 수 있다. 만화책 《전갈Le Scorpion》(글 스티븐 데스베르흐Stephen Desberg, 그림 엔리코 마리니Enrico Marini)의 그림이 그려진 트뢰렌베르흐Treurenberg 14, 1000 Brussel.

전체 길이가 200미터가 넘는 이 거대한 쇼핑 아케이드는 건축가 장-피에르 클루이세나르Jean-Pierre Cluysenaer가 1848년에 건설한 르네상스 양식 건축물이다. 지붕을 유리로 덮어 자연 채광이 실내로 쏟아져 들어온다. 밝고 부드러운 분위기에 벽면과 기둥에 새겨진 화려한 주철 장식이 돋보인다. 건축 당시 상류층을 대상으로 지은 곳답게 지금도 고급스러운 분위기를 풍긴다. 귀금속과 명품 매장이 주를 이루고, 벨기에 특산품(?)인 초콜릿을 판매하는 선물 가게며 카페도 찾아볼 수 있다. 그 옛

날, 드레스와 수트를 차려입은 사람들이 이 아케이드에서 쇼핑을 하고 책을 고르는 장면을 잠시 그려본다.

예전에 비해 그 수는 줄었지만, 여전히 이 보르티에 갤러리 입구에서 손님을 맞이하는 몇몇 서점이 있다. 까마득한 시간이 내려앉은 옛 모습을 유지한 채로. 은은하게 드리운 볕 아래에서 책을 고르는 사람들을 보며 나도 입구 쪽 서점에 들어섰다. 음악 책이며 그림, 악보 등이 가득 쌓인, 누군가의 다락방에 들어온 듯한 작은 서점이다. 영화를 보면 꼭 이런 곳에서 어떤 흔적을 발견하면서 이야기가 시작되던데… 주인이 자리를 비운 서점에서 잠시 혼자 영화를 찍어본다.

이번에는 맞은편에서 성업 중인 매장으로 가보았다. 서점 세 곳 중 규모로는 가장 큰 곳으로, 주로 문학 분야를 취급하는 듯하다. 매장 중앙에 나선형 철제 계단이 있는데, 삐걱이는 계단을 타고 뱅그르르 내려가면 지하 서고에 도착한다. 서고라기엔 어둡고 쿰쿰한 것이 흡사 보일러실 같은 분위기를 풍기는데…. 175년간 한 자리를 지켜온 건물을 이리저리 둘러보노라니 문득 이 아케이드가 배출한 역사적 인물이나 상점이 궁금해졌다. 조사를 시작한 내 레이더에 포착된 것은, 뜻밖에도 나랑 아주 조금 관련이 있는 인물이었다.

나의 첫 취미는 우표수집이었다. 초등학생 때 내가 살던 동네에는 오래된 우표를 취급하는 우표상이 있었다. 그곳을 지날 때마다 어른들이 허리를 굽혀 무언가 들여다보는 것이 신기했는데, 알고 보니 우표를 감별하는 것이었다. 나는 없는 것 빼고 다 팔던 초등학교 앞 문방구에서 '스탬프북Stamp Book'이라고 적힌 우표수집용 앨범을 구입했다. 그러고는 유관순 열사가 인쇄된 우표 몇 장과 연말에 학교에서 단체로 구입한 크리스마스실 같은 것을 넣었다. 가끔은 가지고 있던 책에서 오려낸 쿠폰도 사은품과 교환하는 대신 그 앨범으로 들어갔다. 비록 '우표수집'이라는 첫 목적은 흐려졌지만, 작은 종잇조각이 모이면서 앨범이 점점 두꺼워졌다. 시골 외가에 갈 때면 편지봉투에 붙은 일제시대 우표를 뜯어 가져오기도 했다. 지금 생각해보면 우표를 좋아했다기보다 무언가를 모으는 행위 그 자체를 좋아한 것 같다.

취미라기엔 어설펐으나 내가 잠시 몸담은 우표수집계에도 조상님이 계셨다. 바로 '우표수집의 아버지'로 불리는 장밥티스트 필리프 콘스탄트 모엔스Jean-Baptiste Philippe Constant Moens, 1833–1908이다. 그는 스무 살이 되던 해에 바로 이곳 보르티에 갤러리에 수집가를 위한 최초의 상점을 열어 책과 우표를 팔았다. 《우표수집가를 위한 안내서Manuel des Collectionneurs de Timbres-Poste》와 《우표 위조에 관하여De la Falsification des Timbres-Poste》를 저술한 그는 1863년에 프랑스어로 된 최초의 우표 월간지 〈우표Le Timbre-Poste〉를 발행하기도 했다. 《우표 위조에 관하여》라는 제목에 흥미가 동해서 구글에서 책 내용을 검색해보았다. 산酸을 사용해 색상을 위조하는 방법이 동원되던 시절의 위조 판별법이 주를 이루는 것 같다. 쉽사리 이해되지 않는 이야기를 읽으며, 지시약으로 산성과 염기성을 구분하는 실험을 했던 언젠가의 과학 시간이 떠올

랐다.

원래 가려던 서점이 없어진 탓에 우연히 찾게 된 상가. 덕분에 건물 전체가 골동품인 아름다운 곳을 알게 됐다. 또 우표 수집의 아버지도 알게 되고, 한동안 잊었던 나의 첫 취미도 떠올려보았다. 역시 일정에 구멍이 뚫릴 땐 잠시 마음을 내려놓고 의식의 흐름대로 가보는 것도 괜찮다. 때로는 엉뚱한 산으로 가기도 하겠지만, 그 산에서 또 좋은 것을 보게 될 테니까.

보르티에 갤러리 서점 골목 Galerie Bortier
6 Galerie Bortier, 1000 Brussel, 벨기에
알베르틴 광장 뒤편의 작은 공원 '퓌트리 광장(Square de la Putteri)'을 끼고 있는 마들렌 길(Rue de la Madeleine)의 51번지와 57번지 사이로 보이는 철문이 바로 아케이드 출입구이다. 눈에 띄는 표식은 없지만, 쇼윈도 속 '책'이 보인다면 정확히 찾은 것. 서점과 함께 200미터 길이의 쇼핑가도 거닐어보자.

Saga

일본 | 사가
사가 현립도서관

 사가佐賀는 일본 사가 현의 소도시로, 대도시 후쿠오카와 인접해 있어 한국인 여행객에게도 인기가 많다. 사가 시는 기차역을 중심으로 현청과 시청, 방송국과 우체국 등 업무 지구와 상점가가 형성되어 있는데, 그 외의 지역은 주택가라 대체로 조용하다. 나는 사가에 머물며 평일에는 본업인 디자인을 하고, 주말에는 예술극장 '시에마CIEMA'를 찾아 일본 영화를 보거나 현립미술관의 특별 전시를 보는 것으로 소소한 즐거

움을 찾았다.

사가에 체류하는 동안 나의 사무실로 삼은 사가 현립도서관佐賀県立図書館은 사가성 공원佐賀城公園 내에 위치해 있다. 1914년에 나베시마 나오히로鍋島直大 가문의 사립 도서관으로 세워져 사가 주민에게 개방되었고, 1950년부터는 도서관법에 따라 현립도서관이 되었다. 소장 자료는 약 80만 점으로, 특히 사가 및 인근 지역과 관련된 방대한 자료를 이곳에서 찾을 수

있다. 열람실의 경우 현민이 아니어도 자유롭게 출입할 수 있으며, 도서를 대출하거나 희귀 자료를 신청하는 게 아니라면 별도의 허가를 얻거나 회원가입을 하지 않아도 시설 대부분을 이용할 수 있다.

오랜 역사만큼 시설물에서도 세월의 흔적이 느껴지지만, 전반적으로 깨끗하게 정성껏 관리되어 있다. 관내에 비치된 소개 리플릿을 보니 특이하게도 건물 디자인에 대해 상당 지

면을 할애해 설명하고 있다. 그만큼 도서관의 설계와 건축에 특기할 만한 점이 있는 것일까. 도서관을 바라보고 서니 건물의 수평성을 강조한 낮은 높이가 우선 인상적이다. 다양한 질감의 외장재를 패턴처럼 활용하는 방식이 돋보인다. 도자기로 유명한 사가 현답게 안팎의 벽과 바닥 장식에 아리타 도자기 타일을 사용했는데, 특유의 은은한 광택이 보는 각도에 따라 다양한 색감을 띤다. 도서관 건물은 1962년 우치다 쇼야內田祥哉와 다이이치 공방第一工房의 다카하시 데이이치高橋靗一가

설계했는데, 두 사람은 인근의 사가 현립박물관도 함께 설계했다고 한다. 열람실은 중앙을 비워둔 ㅁ자 형태로, 사방이 통유리로 되어 있다. 덕분에 서가를 오갈 때마다 바람결에 움직이는 커다란 나무와 탁 트인 하늘을 볼 수 있어 답답하지 않았다. 도서관을 생각하면 떠오르는 커다란 테이블 대신 1인용 책걸상이 열을 맞춰 있는 점이 특이한데, 교복 입은 학생들이 자주 찾는 곳이라 그런지 학급 하나를 그대로 옮겨놓은 듯할 때도 많다.

오후의 볕이 나른하게 쏟아지는 열람실에 앉아 일하다 보면 영화 〈러브레터〉의 유명한 도서관 장면이 떠오른다. 창가 어딘가에 잘생긴 '후지이 선배'가 숨어 있을 것만 같다. 나보다 앞서 이 책을 읽었을 누군가의 흔적을 궁금해하며 책 뒤에 붙은 도서열람카드도 괜히 꺼내본다. 열람실 중앙에는 신문 읽기를 위한 전용 테이블이 있는데, 손으로 짚어가며 신문을 읽는 백발의 어르신을 자주 볼 수 있다. 그분들의 표정이 사뭇 진지하고 근사해서 신문을 읽고 메모하는 모습, 신문이 천천히 넘어가는 모습을 지켜보다 자리로 돌아오기도 했다.

학교가 여름방학 중인 8월이라 간혹 교복 입은 학생들과 자리 경쟁을 하기도 했다. 나는 이곳으로 출근한 지난 몇 주

사이 창가의 큰 테이블에 애착을 갖게 되었는데, 업무 집중도가 좋은 자리이다. 디지털 노마드 생활에서 업무 집중도만큼 중요한 것은 없기에 열람실에 들어설 때마다 '내 자리'가 비어 있는지부터 확인하곤 했다. 그다음으로 중요한 것은 와이파이 환경인데, 나의 경우 대부분의 업무 소통을 이메일과 메신저로 진행하기에 안정적인 인터넷 연결과 속도가 참으로 중요하다. 간혹 공공 와이파이를 제공하지 않는 도서관도 있어서 방문 전에 꼭 확인하곤 했다.

일본의 지역 도서관이 으레 그렇듯 사가 현립도서관에도 '향토자료실'이라는 공간이 마련되어 있다. 사가 및 인근 규슈 지역과 관련된 출판물을 여러 주제와 장르에 걸쳐 아카이브 하는 곳이다. 이따금 머리를 식히고 싶을 땐 밖으로 나가 잠시 나무 아래에 앉아보고, 향토자료실에 들어가 책을 꺼내어 읽기도 한다. 그렇게 손길 닿는 대로 보던 중 표지 하나가 눈에 들어왔다. 사가 지역의 카페에 관한 에세이였다. 근대부터 수십 년간 영업해온 카페와 최근 주목받는 신생 카페가 고루 소개돼 있다. 주말에 가볼 만한 카페가 있는지 찾아보는데 사진 한 장이 눈에 익었다. 빈티지한 외관을 보고 홀린 듯 방문했던 카페 '가나지珈茗爾'이다. 가나지는 사가에서 처음으로 더치 커피를 판매한 카페다. 문을 연 50여 년 전만 해도 더치 커피라는 게 대중적으로 알려지지 않아서 과학실에서나 볼 법한 커피 추출기를 처음 본 손님들이 종종 "저게 대체 뭐 하는 물건이냐?" 하고 묻곤 했다고 한다. 그래서인지 매장 내 현판에는 네덜란드 국기 그림과 함께 더시 커피에 대해 설명하는 짧은

글이 적혀 있다.

　아버지에 이어 2대째 카페를 지키는 사장님과 나눈 대화를 떠올리며 매장이 소개된 페이지를 촬영하려는데, 일행이 다가와 이곳의 책은 허가 없이 촬영하면 안 된다고 알려주었다. 희귀 자료뿐만 아니라 모든 단행본은 허가를 받아야 촬영할 수 있다는 것이다. 처음엔 장난을 치는 건가 싶었는데, 알고 보니 정말 허가가 필요했다! 도서관에서 그 같은 절차를 밟아본 적이 없어서 당황했지만, 그곳의 규칙을 따르기 위해 운영 사무실로 가서 책을 촬영하고 싶다고 했다. 그러자 서류 한 장이 내 앞에 놓였다. 신청인의 이름과 촬영을 원하는 도서명,

'마음은 여행으로'

촬영할 페이지 등을 기입한 뒤 실무자의 허가를 얻으면 된다고 한다. 한데 그걸로 끝이 아니다. 안내에 따라 작은 방으로 들어가면 '촬영중'이라고 적힌 팻말이 놓이는데, 그 팻말 앞에서 사전에 허가받은 페이지만 촬영하는 것이다. 그러다가 다른 페이지도 찍고 싶어지면 추가 페이지에 대해 새로운 서류를 써야 한다. 이런 규제가 다소 까다롭게 느껴졌지만, 책이 일정 비중 이상 복제되는 것을 막음으로써 저작권을 보호하려는 의도를 읽을 수 있었다. 책을 활용하는 방식이나 정보 접근성이 제한될 수 있지만, 공공 자료를 관리하는 시스템이며 서류와 절차를 중요하게 생각하는 것이 무척이나 일본답다는 생각이 들었다.

내가 몸담고 있는 출판과 디자인 업계에도 저작권을 고려해야 하는 일이 잦은데, 정작 나는 저작권에 대해 이렇게까지 깊이 생각해본 적이 있었던가 싶었다. 타국의 도서관에서 엄격한 집행이 실제로 이루어지는 것을 목격하며, 책의 판권면에 항상 들어가는 문구를 떠올렸다.

"이 책의 무단 전재와 복제를 금합니다."

이렇다 할 사건, 사고 없이 평화로운 도서관의 나날이지만, 크고 작은 문화적 차이를 겪으며 잠잠한 호수가 일렁이듯 생각의 환기가 일어난다. 경험을 통해 얻는 배움이 이런 것일까. 어쩌면 바로 이 순간, 나는 여행의 본질을 마주하는 것인지도 모른다.

사가 현립도서관佐賀県立図書館
2 Chome-1-41 Jonai, Saga, 840-0041, 일본
월-금: 09:00-16:00 / 휴관: 마지막 주 수요일, 공휴일
tosyo-saga.jp

Fukuoka

일본 | 후쿠오카
후쿠오카 아트북페어

'이상한 것 탐지기'가
울렸다

사가 현립도서관 근처에 즐겨 가는 우동 전문점이 있다. 점심시간이면 대기 명단이 가득 차는 맛집이다. 그날도 내 이름이 불리길 기다리며 가판대에 놓인 지역 소식지를 들춰보는데, 핑크색 홍보물 하나가 눈에 띄었다. '제1회 후쿠오카 아트북페어'의 개최를 알리는 포스터이다. 아트북페어, 그것도 제1회라니! '도쿄 아트북페어'는 종종 방문했지만, 일본의 다른 지역에서 열리는 아트북페어는 가본 적이 없었다. 이곳 사가에서 가까운 후쿠오카에서 열린다니 꼭 가보고 싶어졌다.

행사 첫날, 아침부터 서둘러 다자이후 시로 향했다. 사실 내 관심은 오로지 아트북페어에 집중되었기에 개최 장소에는 별다른 관심을 두지 않았다. 이런 이벤트가 아니었다면 기차와 버스를 갈아타면서까지 와볼 생각을 못 했을 것이다. 그런데 버스터미널에 내리는 순간, 이 지역이 대단한 관광지라는 것을 느낄 수 있었다. 조용한 사가와는 달리 음식점과 특산물 매장마다 사람들이 줄을 선 것이 우리나라의 대표 관광지인 경주를 떠올리게 한다. '대체 뭐 하는 동네인데 이렇게 사람이 많지?' 나는 뒤늦게 이곳의 정체가 궁금해졌다.

개최지 다자이후 덴만구太宰府天満宮는 일본의 중요 문화재로, 919년에 창건된 신사이다. 학문의 신으로 숭배되는 스가와라노 미치자네菅原道真의 묘 위에 세워져서인지 합격을 기원하는 참배객이 많다. 참배길 곳곳에서 떡을 굽는 상점을 볼 수 있는데, 일종의 합격떡(梅ヶ枝餠, 우메가에 모치)으로, 다자이후 덴만구의 상징인 매화 문양이 겉면에 찍혀 있다. 구운 가래떡과 팥앙금을 함께 먹는 것 같은 맛인데, 우리나라의 찹쌀떡과 비슷한 듯 다르다. 합격떡도 먹었겠다, 덴만구를 한번 둘러보기로 했다. 곳곳에 그늘을 드리운 큰 나무들이 인상적인데, 천년 넘게 한자리를 지켜왔다는 녹나무에서는 어떤 위엄마저

느껴졌다. 일본식 정원과 연못을 지나 아치형 다리를 건너니 머리에 식물을 잔뜩 이고 있는 본전이 나타났다. 천 년 신사의 본전치고 꽤 현대적이라 신기하다 싶었는데, 복원 작업을 하느라 임시 건물을 세워둔 것이라고 한다. 임시 건물이긴 하지만 합격을 비는 장소는 맞는지 연못에 동전을 던지며 기도하는 사람들이 보인다. 던져진 동전을 보니 대부분 5엔(약 50원)짜리였다.

그러고 보니 신사에 오기 전 참배길에 있는 소바 전문점에서 국수를 먹고 나오는데, 사장님이 영수증과 함께 "행운의 코인입니다"라며 5엔을 건넸다. 그때는 무슨 의미인지 몰라 어리둥절했는데, 신사에 가서 소원을 빌 때 쓰라고 선물로 주신 거였구나! 5엔은 일본어로 '고엔'이라 발음하는데, '인연'을 뜻하는 고엔ご縁과 발음이 같다. 여긴 온통 인연으로 연결되는 곳인가 보다.

이제 본 행사장으로 가볼까? 이번 아트북페어에는 일러스트레이터와 디자이너, 서점과 갤러리 등 100여 팀이 참가했다. 먼저 제1행사장인 문서관文書館으로 향한다. 이곳 문서관은 역사적 가치가 있는 문서를 보관하는 곳으로, 평소에는 일반에 개방하지 않는다고 한다. 바닥이 다다미로 되어 있어 운영팀에서 건네는 봉투에 신발을 넣은 다음 입장했다. 경내는 이미 참가팀과 관람객으로 가득 찼고, 실내라고는 하나 모든 문을 열어두어 야외나 다름없이 뜨거운 열기가 들이닥쳤다. 더위에 약한 나는 살짝 지친 상태로 테이블 사이를 돌아다니다가, 책 표지에 실린 할아버지 사진을 보았다.

"이 매킨토시 컴퓨터 앞에 앉은 사람은 누구인가요?"

나의 질문에 출판사 직원이 대답했다.

"지금은 작고하신 일본의 1세대 타이포그래피 디자이너 '히라노 고가平野甲賀' 선생님입니다. 이 책은 히라노 고가 선생님이 디자인을 통해 본인의 생애를 돌아본 책입니다. 그래서 책 제목도 《히라노 고가와 함께平野甲賀と》예요."

출판사 직원의 설명을 들으며 국적도 세대도 다른 히라노 씨가 선배 디자이너인 듯 느껴졌다. 디자이너의 작업물은 곧 그 자신이라는 생각을 할 때가 있는데, 히라노 고가 선배는 어떤 작업을 해왔는지, 그의 작업물을 통해 무엇을 들여다볼 수 있을지 궁금해 책을 구입했다.

그나저나 아직 봐야 할 게 많은데! 서둘러 제2행사장인 강당으로 향한다. 제1행사장보다 네 배 정도 많은 팀이 이곳에서 관람객을 맞고 있다. 아트페어처럼 한꺼번에 많은 참가 팀을 스캔할 때 내 나름의 전략이 있다. 간혹 '저 작품 혹은 저

사람 좀 이상하다' 싶은 기운을 감지할 때가 있는데, 그러면 틀림없이 이상한 작품을 만나게 된다. 참가 부스 사이의 좁은 통로로 바삐 걸음을 옮기던 중, '삐빅삐빅' 하고 나의 '이상한 것 탐지기'가 울렸다. 나는 더듬이를 바짝 세우고 지나온 길을 되돌아갔다.

어딘가 흐트러지고 산만해 보이는 저 부스 'ESDRO'! 테이블에 진열된 책은 하나같이 내용이 쉽사리 짐작되지 않는 만화책이다. 기이한 그림체와 달리 말끔한 차림으로 밝게 인사를 건네는 저 사람이 작가겠지? 외모에서 풍기는 이미지가 만화가 이말년(현 유튜버 침착맨) 씨를 떠올리게 한다. 이분의 옆구리를 쿡 찌르면 재미있는 이야기가 쏟아질 것 같은데?

● 지현 ▲ ESDRO

▲ 안녕하세요! 저는 제가 꾼 꿈을 만화로 그려내는 작업을 하고 있습니다. 오늘 가지고 나온 것은 '유메 망가ゆめまんが(꿈의 만화)' 시리즈입니다.

● 오, 꿈이요? 흥미로운 작업 방식이네요. 이 책이 전부 작가님의 꿈 이야기라고요? 그럼 이 만화에 등장하는 장발의 여자 캐릭터는 가상의 인물인가요?

▲ 저는 꿈에서 본 내용을 15년째 그리고 있어요. 그리고 만화 속 캐릭터는 여자가 아니라 바로 저예요. 지금은 이렇게 머리가 짧지만 긴 머리를 하던 시절의 저입니다. 하하하.

● (끄덕끄덕)이야기를 듣고 보니 그림과 닮았어요. 그런데 정말 괴이한 꿈을 많이 꾸시나 봐요. 아니면 이런 작업을 하다 보니 꿈 내용도 점점 더 괴이해지는 건가요?

▲ 그럴지도 모르겠네요. 꿈을 꾸고 친구나 주변에 이야기를 하면 잘 믿어주지 않더라고요(웃음). 그래서 만화로 그리기 시작했는데, 지금은 좋아해주는 독자가 많아져서 기뻐요.

● 그런데 말이에요, 꿈이라는 게… 보통 잠에서 깨어나는 순간 기억에서 지워지잖아요? 복권을 사야 될 것 같은 대단한 꿈이 아닌 이상 내용을 기억하는 게 쉽지 않을 것 같아요. 혹시 침대 옆에 메모 도구가 항상 준비되어 있나요? 꿈에서 깨어나자마자 샤샤샥, 하고 메모라도?

▲ 하하하. 아니요. 곧장 메모를 하진 않아요. 꿈에서 깨면 그 자리에 가만히 앉아 가능한 한 많은 디테일을 기억해내서 붙잡아두려고 집중합니다. 감자를 캐듯… 감자 캐는 법 아시죠? 감자를 캘 때는 덩굴이 끊어지지 않도록 살살 끌어올려야 하거든요. 도중에 잘못해서 줄기가 끊어지면

ESDRO
Instagram @esdrooom
weareokshop.base.ec

곤란하니까요. 저는 그렇게 감자를 캐듯 살살, 꿈을 캡니다. 많은 디테일이 떠올랐을 때 비로소 메모합니다.

● 그렇군요. 살살. 작가님과 이야기를 나누다 보니 자신의 꿈을 소재로 쓰는 몇몇 예술가들이 떠오르네요. 100년도 전에 나쓰메 소세키가 쓴 《몽십야夢十夜》도 생각나고요. 〈아사히신문〉에 꿈 이야기를 연재해서 강렬한 인상을 남겼죠.

▲ 맞아요. 저 역시 나쓰메 소세키의 영향을 받았습니다.

● 역시나 나쓰메 소세키가 영감의 원천이었군요! 프로이트도 꿈에 대해 이야기한 적이 있지 않나요?

▲ 물론 프로이트도 꿈 이야기를 했지만, 저는 카를 구스타프 융을 읽었습니다. 언젠가 융의 책에서 만다라에 대한 논의를 읽었는데, 그러고 나서 꾼 꿈에 만다라가 나오지 뭡니까? 이 꿈 역시 만화로 그렸죠.

● 아무래도 꿈에 대한 생각을 계속 하니까 그런 쪽에 관심을 갖게 되고, 또 그 내용이 꿈이 되는 연속선상에 계신 듯하네요. 그런데 정식 단행본으로 출간하실 계획도 있으신가요?

▲ 얼마 전에 공모전에 입상했어요. 그것이 계기가 되어 곧 미국의 '스타 프루트 북스Star Fruit Books' 출판사에서

단편선이 나올 예정이에요.

• 와! 정말 축하드려요. 지금 가지고 나오신 책들을 엮은 거군요? (스타 프루트 북스는 만화 전문 출판사로, 이토 준지풍 호러물이 많이 출간되는 듯하다.)

부스에 진열된 책자를 넘기며 무릎을 탁 치게 하는 기발한 그림을 여럿 보았다. 정녕 꿈이 아니었다면 이런 장면을 상상해낼 수 있었을까? 그의 그림은 단 한 장면만으로도 마음을 훔친다. 일본어를 몰라도 그림을 통해 이야기를 읽어낼 수 있다. '정말 이상하다'고 생각할 수밖에 없는 ESDRO 작가의 작품들. 혼자만 알기엔 너무 아까워 강력하게 권하고 싶다. 기상천외한 그의 꿈에 한번 접속해보라고.

책을 구입하는 내게 작가가 선물이라며 그림이 그려진 종이 한 장을 끼워주었다.

'NO WAR'가 커다랗게 인쇄된 종이의 뒷면에는 할아버지와 손녀의 대화가 만화로 그려져있는데, 이스라엘-팔레스타인 전쟁에 대한 반전 메시지이다.

❶

왠지… 나만 반대 방향으로 가고 있는 것 같은데…

❷

슬슬 사람들이랑 같은 방향으로 달려볼까

❸

오토바이라고 생각했는데 걸레였냐!

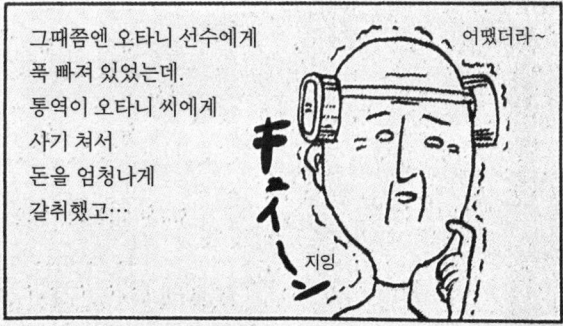

만화를 그려 전쟁 반대를 외치는 만화가. 아트북페어에 온 관람객에게 직접 그린 만화를 통해 전하는 반전 메시지는 조용하지만 단호하다. 감자를 캐듯 꿈을 캔다고 말하며 웃음을 터뜨릴 때, 융의 책을 읽고 독후감을 쓰는 대신 꿈을 꾼다고 할 때 알아보았다. 역시 이상한 만화이고, 이상한 만화가이고, 이상한 사람이다! '이상한'이 삼세 번이니 예사롭지 않다. 보통의 매력이 아니다! 그동안 갈고닦은 나의 '이상한 것 탐지기'가 이번에도 숨은 보물을 찾아냈다.

후쿠오카 아트북페어福岡アートブックフェア
후쿠오카 아트북페어는 매년 상반기에 열린다.
공식 홈페이지에서 그해의 일정을 확인할 수 있다.
fukuokaartbookfair.com

Saga

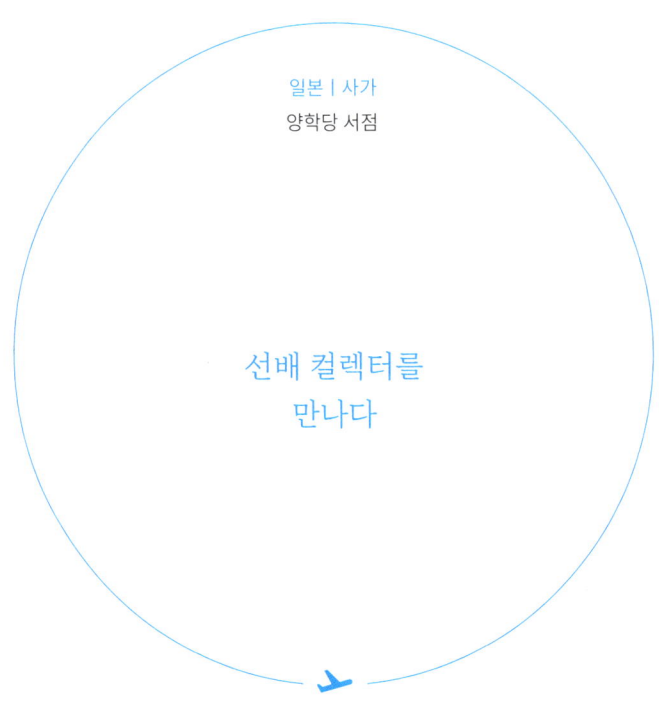

일본 | 사가
양학당 서점

선배 컬렉터를 만나다

아침 기온이 43도라니… 뭔가 잘못되어도 단단히 잘못된 게 틀림없다. 8월 들어 날씨가 심상치 않더니 사가에도 곧 태풍이 상륙한다고 한다. 뙤약볕을 견디다 못해 우산을 양산처럼 쓰고 사가 역으로 향한다. 오래전부터 방문 약속을 해둔 서점에 가기로 한 날이기 때문이다.

기차에 올라 자리에 앉으니 창밖으로 짙은 초록의 여름

이 달려나간다. 벼가 자라는 들의 풍경이 우리나라의 농촌과 무척 닮았다. 기차는 짧은 거리를 달려 곧 나베시마 역鍋島駅에 정차했다. 하차하는 사람도 승차하는 사람도 거의 없는 자그마한 무인역. 머리 위를 뒤덮은 거대한 뭉게구름에 압도되어 잠시 하늘을 올려다보았다. 문득 애니메이션 〈너의 이름은〉의 한 장면이 스친다.

"기미노 나마에와…!"

땀을 바가지로 흘리며 도착한 노란색 건물, 커다란 간판에 '양학당 서점'이라 쓰여 있다. 출입문이 열려 있어 들어오긴 했는데 책만 있고 사람은 없다. 그런데 어쩐지 여기… 서점보다 출판사에 가까워 보이잖아? 출판사에서 오랫동안 일한지라 책으로 가득한 사무공간이 무척 익숙하다. "안녕하세요, 사장님?" 하고 허공을 향해 연거푸 인사하자 위층에서 인기척이 들려온다. 이윽고 호탕한 인사를 건네며 나타난 은발의 중년, 양학당 서점의 사장님인 고미야 히로야스小宮博康 씨이다.

일찌감치 방문 예약을 해둔 나를 사장님은 요청한 책을 살펴볼 수 있는 별실로 안내해주셨는데, 희귀한 고문서와 공예품이 가득해 흡사 작은 박물관 같다. 진열장 속 물건을 보려고 허리를 숙이자 그림 몇 장이 눈에 들어오는데 낯이 익다.

"이건… 다케히사 유메지竹久夢二의 그림이 아닌가요?"

"맞아요. 제가 유메지 작가의 그림을 좋아해서 조금 모아두었지요. 활동했던 당대보다 요즘 더 각광받는 것 같아요."

"몇 년 전 한국에서도 유메지의 에세이 《사랑하지도 않으면서》(정은문고, 2016)가 출간됐어요!"

나는 《사랑하지도 않으면서》의 표지 그림에 반해 다케히사 유메지에 관심을 갖게 되었다. 이후 그의 궤적을 좇으며 더 많은 작품을 접했고, 일본과 서양의 화풍이 합쳐진 듯한 독창성에 매혹되었다. 그리고 드라마의 주인공처럼 순탄하지만은 않았던 그의 생애에도 흥미를 갖게 되었는데, 이렇게 생각지

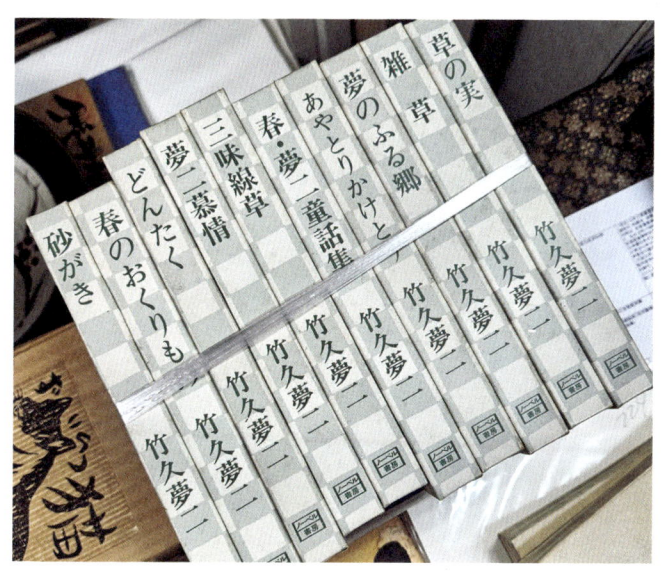

도 못한 순간에 유메지의 팬을 만나게 되니 정말 반가웠다.

짧은 대화 이후 별실의 귀한 물건을 떨어뜨리지 않도록 조심조심 구경하는데, 사장님이 다가와 노끈에 묶인 다케히사 유메지의 시화집 전집을 건네는 게 아닌가. 여행지에서 책을 사는 것이야 늘 있는 일이지만, 짐이 늘어나는 것이 부담스러운 여행자 신세이니 전집 앞에서는 고민이 커질 수밖에 없다. 챙겨주시는 마음은 감사하지만 사지도 않을 물건을 괜히 어질러놓을까 봐 전집은 그대로 두고 다른 책만 구경했다.

그런데 어느새 다시 오신 사장님이 말릴 새도 없이 "이거

왜 안 뜯어봤어요? 사지 않아도 되니 부담 갖지 말고 편하게 봐도 됩니다" 하고 책을 묶은 노끈을 가위로 '톡!' 끊고는 쿨하게 나가버리셨다. 이렇게 된 거, 염치불고하고 한번 살펴볼까?

다케히사 유메지는 다이쇼시대의 화가이자 문인으로, 서정적이고 퇴폐미가 뛰어난 그림 세계를 선보였다. 특히 미인도를 많이 그린 화가로도 알려져 있는데, 그가 그리는 여성들은 대체로 나른하고 처연한 분위기를 내뿜으며 어딘가 사연 있어 보이는 얼굴을 하고 있다. 고미야 히로야스 사장님은 이렇게 말한다.

"유메지의 그림이라는 게, 말하자면 순수 미술보다는 산업 디자인에 가까운 것 아닙니까? 거기에도 매력이 있는 것이죠."

아닌 게 아니라, 유메지는 그림 그리는 일 외에도 옷감이나 포장지 패턴을 디자인하거나 신문에 기행문을 기고하는 작업 또한 활발하게 했다. 이토록 다재다능한 그가 현대에 태어났다면 자기만의 세계가 뚜렷한 예술영화를 만들지 않았을까? 영화감독 스즈키 세이준鈴木淸順은 다이쇼 로망 3부작 중 〈유메지〉에서 역사적 인물 유메지를 통해 자신의 뚜렷한 미감을 드러내기도 했다.

앉은자리에서 유메지가 쓴 책을 열 권이나 읽으니 이제 조금은 아는 사람이 된 것 같다. 이렇게 양학당 서점에서 유메지를 접한 후로, 이번 여행에서 유메지라는 인물이 엑스트라에서 주연으로 급부상하게 되었다. 얼마 후 오카야마岡山 여행 일정을 짜던 중, 유메지가 오카야마에서 태어나고 자랐다는 사실을 알게 된 것이다. 세토우치 시瀬戸内市에 있는 그의 생가가 기념관이자 미술관으로 보존되어 있고, 많은 작품을 소장한 '유메지 향토미술관' 본관도 오카야마 시내에 있다. 그뿐인가. 도쿄에 있는 '다케히사 유메지 미술관'에 이르기까지, 마치 유메지에 홀린 사람마냥 그의 흔적이 있는 곳이라면 이곳저곳 찾아가게 되었다.

다시 별실로 돌아와서.

사장님은 대화를 나누는 상대방의 흥미와 필요를 단번에 캐치하시는 듯하다. 내가 관심을 가질 만한 주제의 책, 이를테면 고양이 화집 같은 것이 척척 내 앞에 쌓여갔다. 디자이너였다는 어머니의 작업물을 보여주신 것  역시 내가 북 디자이너라는 것을 기억하셨기 때문인 듯하다. 프랑스 옥션에서 구입했다는 귀한 개인 소장품도 보여주셨는데, 스페인 귀족과 프랑스 공주의 결혼식 행렬이 그려진 대형

화집이다. 뿐만 아니라 그간 모아온 화집이나 고서를 펼쳐 보일 때의 그 자랑스러운 표정이란! 나는 한 명의 갤러리가 되어 그의 컬렉션에 열렬한 호응을 보냈다.

 사장님이 보여주신 자료를 몇 시간에 걸쳐 열람한 뒤 구매를 원하는 책을 말씀드리자, 이번에는 사무실로 건너와 시원한 것을 먹으며 잠시 쉬라고 하신다. 처음 들어왔을 때 출판사 같다고 생각한 그 사무실에 앉아 사장님 부부와 이야기를 나누었다. 예전에 인문서와 예술서를 펴내는 출판사에서 오랫동안 일했다는 사장님은 양학당 서점에서도 출판 기획을 겸한다고 했다. 사장님이 내주신 녹차 아이스크림과 차가운 커피, 그리고 선풍기 바람. 이 익숙한 정서에 절로 미소가 떠올랐다.

이야기를 나누던 중 아까 별실에서 본 액자에 대해 좀 더 알고 싶어졌다.

"사장님, 별실 출입문 위에 걸려 있는 기다란 액자를 봤어요. 우표는 아니고 무슨 로고 모음 같던데, 무엇을 모으신 건가요?"

질문을 들은 사장님은 자리에서 일어나 커다란 스크랩북 한 권을 들고 왔다.

"별실에서 보신 액자는 그동안 거래해온 전국 서점의 책에서 서점 로고만 떼서 모은 것입니다. 벌써 30년이 훌쩍 넘었으니 분량이 꽤 되지요? 책 뒷면에 붙은 서점 로고를 떼어낼 때는 물을 조금 묻혀 살살 분리했어요. 쉽게 떨어지지 않는 것도 있거든요. 저는 전국 서점의 로고를 모으는데, 남부지역 서점만 모으는 수집가도 있다고 들었어요."

사장님의 설명을 들으며 도쿄에 갈 때마다 방문하는 서점의 로고를 보았다. 초창기 로고부터 리뉴얼된 디자인까지

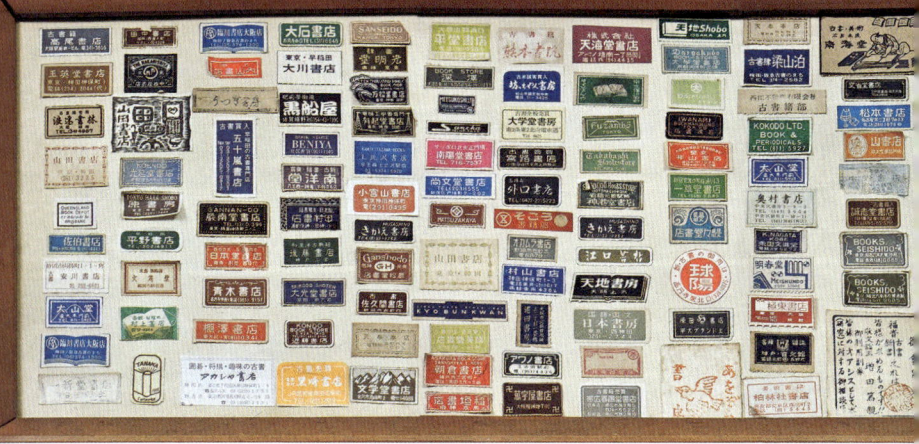

함께 모아두셨다. 좋아하는 마음 하나로 이 작은 로고를 일일이 모으는 모습을 상상하며 나는 엄지를 척 세웠다. 정작 본인은 손사래를 치며 수줍게 웃는다.

"별거 아닙니다. 그저 소소한 아이템 모으는 것을 좋아할 뿐이에요. 이런 걸 알아봐 주는 사람이 있으면 기쁠 따름이지요. 고맙습니다."

"별게 아니라니요. 수집품을 보여주셔서 정말 고맙습니다. 로고마다 특색이 있어서 흥미로워요. 책과 서점이라는 키워드를 가지고 이렇게 다양하게 변주할

수 있다니, 정말 귀한 디자인 자료네요! 오늘 본 것 중 단연 최고예요. 그런데, 이 많은 로고 중 유난히 각별한 것이 있나요?"

"음… '천하당'이려나요. 천하당 서점은 사회평론가 오야 소이치大宅壯一가 다니던 곳이기도 하고, 경매에서 떨어진 책을 추려서 판매하는 곳이라 더 기억에 남습니다."

일본이 디자인에 공을 들인다는 것은 익히 알고 있었지만, 그 옛날에도 각 서점이 브랜드 로고를 가지고 있었다니 놀랍다. 물론 로고를 만드는 데에는 디자인 비용이 발생하기에 일정 수준의 판매가 유지되는 곳만 만들었다고 한다.

나도 고미야 사장님처럼 이런 아기자기한 인쇄물을 정말 좋아해서, 국내외를 여행하며 얻은 관람 티켓이나 작가의 명함, 전시 팸플릿 등을 20년 넘게 모으고 있다. 그것을 도시별로 모아 '찌라시 상점'이라는 전시 프로젝트를 기획한 적도 있으니, 사장님이 서점 로고에서 어떤 매력을 발견하고 수집해 왔는지 조금은 알 것 같았다.

양학당 서점에서 여러 가지 귀한 자료를 볼 수 있었던 것은 내게 큰 행운이었다. 하지만 이날의 방문이 의미 있었던 것은 꼭 그 때문만은 아니다. 한 사람이 무언가를 수집하는 과정에서 자신만의 취향과 즐거움을 발견하고, 긴 시간 동안 지켜왔음을 알게 된 것이 훨씬 큰 수확이다. 남들에게 내보이기 좋은 화려한 것이 아니더라도 자신에게 의미 있는 것이 무엇인지 아는 사람, 자신의 내면에 귀 기울여온 사람의 시간은 특별하다. 덕분에 한동안 느슨했던 나의 취미생활을 돌아보게 되었다. 어쩌면 타인의 취향과 관심사를 만나는 일은 거기에 반응하는 나를 만나는 것인지도 모른다.

어떤 질문에도 막힘없이 일본의 출판과 서점에 대한 이야기를 풀어내는 사장님을 보며, 나는 서점이 배경인 일본 소설에 등장한 호기심 많은 손님 캐릭터가 된 기분이었다. 그

리고 양학당 서점 사장님 역시 같은 업계에 몸담고 있는 동료이자 선배님이라는 생각이 들었다. 서점 가득한 책 이야기에 고미야 사장님의 이야기가 더해진 이날 오후는 책갈피를 끼워놓고 오래도록 다시 펼쳐보고 싶은 내 삶의 한 페이지가 되었다.

양학당 서점 洋学堂書店
2 Chome-8-44 Shineinishi, Saga, 840-0859, 일본
영업시간은 정해져 있지 않다.
폐가식으로 운영되며 반드시 사전에 방문 예약을 해야 한다.
yogakudo@bronze.ocn.ne.jp
yogakudo.com

Tokyo

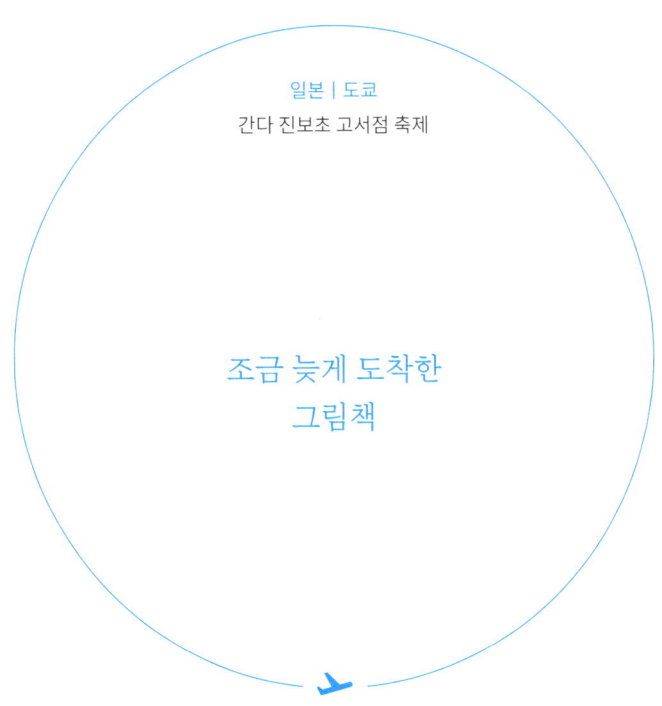

일본 | 도쿄
간다 진보초 고서점 축제

조금 늦게 도착한
그림책

　도쿄 진보초神保町에 서점 거리가 있다는 건 전부터 알고 있었다. 내가 나고 자란 부산에도 보수동 책방 거리가 있기에 그와 비슷할지 어떨지 궁금했지만, 도쿄에 올 때면 대형 서점을 순회하며 북 디자인 경향을 파악하는 것만으로 늘 벅찼다. 그래서 진보초를 다녀온 지인들에게 이야기를 들을 때마다 '다음에 가봐야지' 하고 위시리스트에만 담아두었다. 그런데 바로 그곳에서 서점 축제가 열린다니, 이번에야말로 진보초

를 방문할 적기라는 생각에 도쿄행 비행기표부터 샀다.

　일본에서 가장 유명한 서점 축제인 간다 진보초神田神保町 거리의 고서점 축제는 매년 10월 마지막주에 개최된다. 2024년 10월 25일 금요일. 어느덧 32회를 맞은 축제의 첫날이다. 평일이라 사람이 적을 줄 알았는데, 막상 진보초에 도착하니 엄청난 인파가 서점 거리로 향하고 있었다. 거리가 2킬로미터에

달하는 서점가에는 1902년에 창립된 기타자와 서점北澤書店과 1918년에 창립된 야구치 서점矢口書店을 비롯해 130여 개의 크고 작은 서점이 있다. 축제 기간 동안 팝업으로 참가하는 출판사의 부스까지 세워져 거리 분위기가 더 활기차다. 우선 초입에 있는 북센터神保町ブックセンター에 들러 커피를 마시며 진보초 전문지 〈오산포 진보초おさんぽ神保町〉를 살펴보았다. 축제 기간인 만큼 행사 프로그램이 실려 있고, 진보초 거리의 서점과 주변 음식점에 대한 정보까지 확인할 수 있었다.

잠시 숨을 고르고 도쿄고서회관東京古書会館으로 향했다. 이곳에서는 축제 기간이 아니어도 주말마다 희귀품 경매가 열리곤 하는데, 오늘은 입찰식 경매 대신 즉매로만 진행됐다. 물품이 진열된 전시장에 입장하려면 데스크에 소지품을 맡겨야 하며, 사진 촬영도 금지되어 있다. 잡담하는 사람 하나 없는 조용한 실내에서 두 손을 얌전히 모으고 걸음을 내디디는데, 장식장 안에 진열된 합죽선 하나가 보였다. 야구의 나라답게 야구 경기의 한 장면이 그려져 있다. 평소 합죽선을 좋아해 여름철마다 구매하는 데다, 프로야구팀 자이언츠의 팬인 나에게는 심히 매혹적인 물건이다. 물론 부채 본연의 용도대로 호쾌하게 펼쳐 들었다가는 당장 찢어질 것 같지만. 그림의 떡처럼 모셔둘 이 물건을 산다면 어떨까? 아름다운 부채의 가격표를 본다.

8,500엔(약 8만 원)….

자, 넘어가자, 다음 물건.

표지에 익살스러운 그림이 그려진 작은 책자가 재미있어 보인다. 입에서 책을 우르르 토해내는 장면을 비롯해 독서가의 모습을 기발하고 우스꽝스럽게 표현한 그림이 다수 실려 있다. 메이지시대(1868-1912)에 제작됐다는데, 말로만 듣던 메이지시대라니. 'TV쇼 진품명품'에 나오는 감정위원이 된 것처럼 진지한 표정으로 책의 감정가를 점쳐보았다. "제 감정가는요…." 마음속으로 15만원 정도를 책정한 다음 고개를 들어 가격표를 보았다.

35,000엔(약 33만 원).

심사숙고해 마음에 드는 물건 딱 한 점만 사기로 했지만, 아무래도 한시바삐 서점 거리로 나가야 할 것 같다. 비록 오늘은 시원하게 베팅하지 못했지만, 다음번에는 호쾌한 경매가 이뤄지는 순간을 '구경'하러 오고 싶다.

고서회관을 나와 본격적으로 거리에 있는 서점을 돌아보았다. 축제 첫날이니 전체 분위기를 스케치하고 눈에 들어오는 서점 위주로 방문하는데, 이거다 싶은 책이 없다. 폐장하는 6시를 앞두자 진열대를 정리하는 점원들의 손길이 바빠진다.

나 역시 마음이 바빠졌다. 오늘은 큰 수확이 없으니 일단 물러나기로 하고 거리를 빠져나오는데, 가란도がらんどう 서점의 거리 부스에 진열된 그림이 나를 멈춰 세웠다. 그림책 서점인가? 나는 홀린 듯 진열대 앞에 다가가 숙련된 스캐너의 솜씨로 책을 훑었다.

'으으… 이쯤 되면 하나 나와줘야 하는데!'

마침내 나의 어딘가를 건드리는 그림이 탁! 하고 손끝에 걸리기를 기다린다. 내가 그림책을 볼 때 가장 중요하게 생각하는 것이 바로 그런 지점이다.

'내면의 어딘가를 건드리는 그림인가', 그리고 '무한한 상상력을 자극하는 이야기인가'.

그림책이 어린이 독자만 대상으로 한다고 생각할 수 있지만(물론 그럴 수도 있지만), 그림책을 보는 데 정해진 나이는 없다고 생각한다. 또 그림책이라면 어쩐지 밝고 아름다운 이야기만 다룰 것 같지만, 실제로 어둡고 슬픈 내용의 그림책도 많다. 소중한 무언가와 이별하는 이야기, 두려움이나 공포를 견뎌내는 이야기도 곧잘 등장하는 소재이다. 그런 이야기를 접하며 공감하고 몰입했던 어린 시절을 돌이켜보면, 아이가 받아들일 수 있는 세상과 감정의 진폭은 꽤 크지 않을까 싶다.

그림책《모퉁이를 돌면 まがればまがりみち》의 표지 그림을 보았을 때 직감했다. 이 책이 바로 그런 두려움에 관한 이야기를 담고 있다는 것을. 책값을 지불하려고 보니 표지에 적힌 34년 전의 정가가 300엔이다. 매대 옆 작은 의자에 앉아 이야기꽃을 피우는 사장님에게 가격을 물었다. "그쪽에 있는 책은 전부 200엔이에요." 그런데 책 내지에 꽂힌 재정가 가격표가 눈에 띄었다. '여기엔 100엔이라고 붙어 있는데?' 축제 프리미엄으로 100엔을 올린 걸까도 싶었지만, 34년 전 정가보다 100엔 싸니까 그래도 남는 장사다.

책값을 지불하고 앞표지와 뒤표지에 적힌 내용을 자세히

보았다. 이 얇은 책은 70년 넘게 어린이를 위한 책을 펴내는 후쿠인칸쇼텐福音館書店에서 출간되었다. 정기구독을 신청한 독자에게 매달 새 동화를 한 권씩 보내는데, 《모퉁이를 돌면》은 '어린이의 친구こどものとも' 시리즈 중 한 권으로, 1990년 12월에 발행된 417호이다. 작가인 이노우에 요스케井上洋介는 도쿄 무사시노 미술대학 서양화과를 졸업한 후 그림 작가 생활을 시작했다. 1960년에 후쿠인칸쇼텐에서 데뷔작을 발표했는데, 30년이 지나 같은 잡지에 다시 신작을 실었다. 내가 구입한 책이 바로 그 작품이다.

푸르스름한 어둠이 깔린 해 질 무렵. 마을을 산책하는 아이는 구불구불한 골목길 모퉁이에서 매번 예상치 못한 존재와 마주친다. 두꺼비나 들쥐, 커다란 애벌레와 마주치는가 하면, 자전거를 타고 지나가는 사람의 커다란 그림자를 보고 깜짝 놀라기도 한다. 눈을 휘둥그레 뜬 아이의 놀란 얼굴을 보면, 혼자 어두운 골목길을 지날 때마다 무섭고 두근두근했던 어린 시절이 떠올라 덩달아 눈을 크게 뜨게 된다. 어른이 된 후로 그림책을 볼 때마다 내 안의 꼬마가 폴짝 튀어나오는 것을 느낀다. 사소한 장면에도 그 꼬마와 함께 웃음을 터뜨리고, 긴장감을 주는 클라이맥스에 다다르면 '하나, 둘, 셋…' 떨리는 마음으로 다음 페이지를 넘긴다. 멀리 떨어져 있던 내 안의 꼬마와 만나는 순간이다

마음에 드는 책을 샀으니 '오늘은 여기까지!' 하고 선언해야 하는데, 장사를 접으려 하는 메인 스테이션에 가서 조금 더 어슬렁거려본다. 그냥 스윽 보기만 하려고 간 건데, 《세계의 흥미로운 그림책 전시회世界のおもしろ絵本展》라는 표지가 눈에 성큼 들어온다. 책 좋아하는 사람이라면 지나치기 힘든 제목이다. 책의 컨디션도 좋고 도판도 많아 마음에 쏙 드는데 가격마저 단돈 300엔. 마침 조금 전 그림책을 사고 잔돈으로 받은 300엔이 주머니에 있다! 무한증식하는 책 때문에 서재가 몸살을 앓고 있지만 역시

사지 않을 수가 없었다.

축제 첫날에는 전체 분위기를 느끼며 여러 서점을 즉흥적으로 살펴보았다면, 둘째 날의 목표는 구체적이고 분명했다. 기타노 다케시 감독의 영화 〈기쿠지로의 여름〉 개봉 당시의 팸플릿을 찾아보는 것, 그림책에 더 집중해서 보는 것. 일본 영화 중 〈기쿠지로의 여름〉과 〈4월 이야기〉는 정말 여러 번 보았다. '벚꽃 엔딩'이라는 계절 노래가 있다면, 나에겐 계절 영화가 있는 셈이다. 제목에서 드러나듯 두 영화 모두 계절감이 강한데, 여름 방학을 맞아 시골에서 뛰어놀던 어린 시절이나 서울에서 혼자 자취를 시작할 무렵의 두렵고 설레던 기억이 겹쳐지며 마음이 몽글몽글해진다.

거리 팝업 부스에 영화 자료가 보일 때마다 발길을 멈추고 찾아보는데, 길바닥에 산더미처럼 쌓인 영화 카탈로그가 보인다. 벽에 붙은 '100엔'이라는 가격표에 혹한 행인들이 모여들었다. 올리비아 핫세의 그림 같은 옆모습이 인쇄된 〈로미

오와 줄리엣〉부터 한국 영화인 〈집으로〉의 일본 개봉 당시의 팸플릿도 보인다. 이 상점은 '빈티지Vintage' 진보 초점으로, 영화를 전문으로 취급하는 듯하여 기대를 품고 들어가보았다.

'착- 착- 착-.'

정적 속에서 페이지 넘기는 소리만 들려온다. 나도 그들 사이에 자리를 잡고 쪼그려 앉았다. 기타노 다케시와 기쿠지로의 첫음인 '기ギ'가 있는 쪽을 열심히 뒤졌지만 보이지 않는다. 바빠 보이는 사장님에게 여쭈니 일본에서도 구하기 힘든 자료라고 하신다. 수확을 거두지 못한 채로 근처의 '@원더 서점@Wonder'에 들어섰다. 1950년대부터 1970년대까지 개봉한 영화의 극장용 팸플릿과 티켓, DVD 외에도 만화책이나 단행본을 취급하는 곳으로, 이번에도 영화 코너로 직진해 뒤져보았지만 찾을 수가 없다. 대중적인 인기가 있었던 작품이라 당

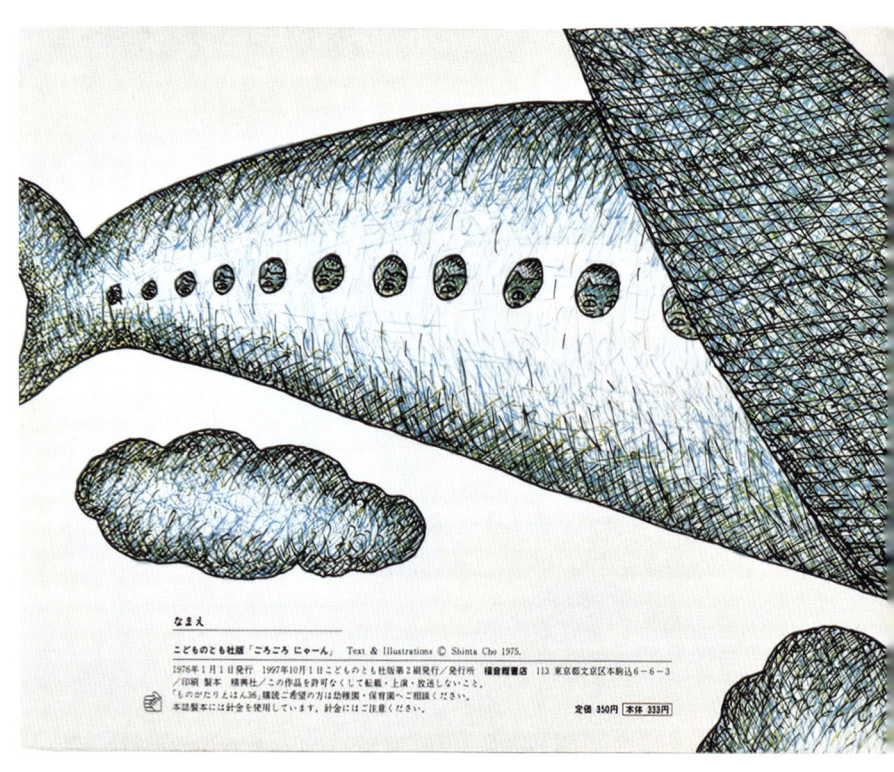

연히 있을 줄 알았는데, 세월이 흐른 만큼 희귀한 자료가 되었나 보다. 이만 단념하고 나가려는 와중에 한구석에 덩그러니 놓인 세 권의 그림책을 보게 됐다. 강렬한 영화 포스터로 가득한 이곳에 어색하게 놓여 있어 더 눈에 띈다.

이 역시 '어린이의 친구' 시리즈 중 한 권이다.

제목은 《고로고로 냐앙ごろごろ にゃーん》. 고양이 손님이 탑

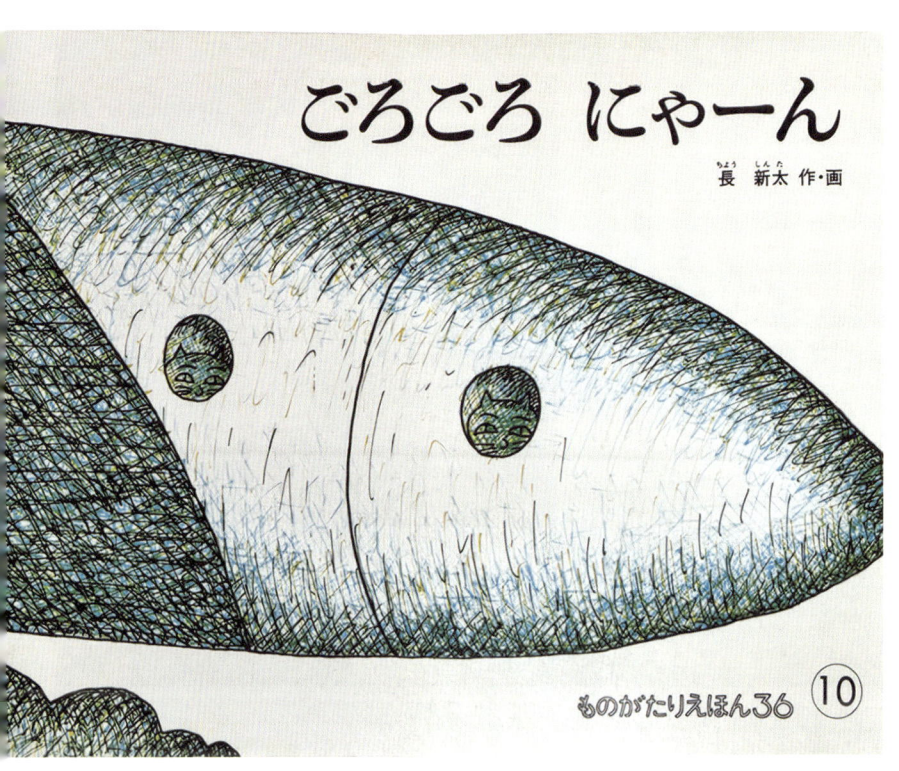

승한 비행기라는 이야기 설정부터가 귀엽다. 표지 그림을 자세히 보니 비행기가 무려 날치 비행기다! 게다가 기내식은 낚싯대를 드리워 직접 잡은 물고기이다. 이따금 집채만 한 고래나 강아지 무리의 위협을 받기도 하지만, 고양이 여행단은 비행을 무사히 마치고 돌아온다. 모든 설정이 너무 귀여워 한 페이지 한 페이지 넘길 때마다 킥킥킥 웃을 수밖에 없다. 매 페

이지에 "고로고로 냐앙"이 반복되는데, '고로고로'는 고양이가 기분 좋을 때 몸을 울려서 내는 소리이다.

    이 책의 그린이는 일본의 만화가이자 일러스트레이터인 조 신타長新太로, 국내에도《양배추 소년》,《왜 방귀가 나올까?》를 비롯한 다수의 작품이 소개된 작가이다. 그런데… 조 신타, 조 신타… 이름이 어딘지 익숙하다. '아하!' 불현듯 퍼즐이 맞춰졌다. 며칠 전 그림책 전문서점 데생dessin에서 구입한《깜빡깜빡 신호등이 고장 났어요!ぴかくん めをまわす》의 작가잖

아! (참고로 글쓴이는 마쓰이 다다시松居直이다.) 같은 그림작가에게 두 번이나 반하다니. 그림책 취향 한번 소나무 같군.

주말이 되자 간다 진보초 거리도 걷기 힘들 정도로 붐볐다. 첫날에는 중장년층 방문객이 많아서 역시 어른들의 잔치인가 싶었지만, 주말이 되니 청년들과 아이를 동반한 가족 단위의 사람들이 많이 보인다. 축제를

찾은 이들은 큰 서점이든 거리의 팝업이든 매장 규모에 상관없이 자신의 관심사와 취향에 맞는 책을 발견하려고 고개를 잔뜩 숙이고 책장을 살피고 있다. 한국에서 온 출판인의 마음을 부러우면서도 뭉클하게 만드는 풍경이었다. 책의 시대가 예전만큼 건재하지 않다지만, 규모가 줄어든다고 가치마저 줄어드는 것은 아니다. 책이라는 세계에 깊이 들어가본 사람이라면 알 것이다. 페이지를 넘기는 순간 만나는 것은 그저 작은 사각형이 아니라는 것을. 내가 그릴 수 있는 우주의 크기가 넓어지는 경험이라는 것을.

그러고 보니 이번에 진보초에서 발굴한 두 권의 그림책 모두 내가 초등학생이던 때에 나온 것이다. 책이야말로 신제품 여부가 중요하지 않은 제품군이 아닐까, 하는 생각에 이른다. 아주 먼 시간을 돌아 조금 늦게 내게 도착한 사랑스러운 그림책들. 그런데 이 책을 구입한 사람은 어른이 된 나일까, 예전의 그 꼬마일까?

간다 진보초 고서점 축제 神田神保町古本まつり
2 Chome-3-1 Kanda Jinbocho, Chiyoda City, Tokyo 101-0051, 일본
매년 10월 간다 고서점 연합 사이트에 축제 일정이 공지된다.
jimbou.info

Warszawa

폴란드 | 바르샤바
코스모스 서점

바르샤바,
여름 특집호

폴란드에 대해 아는 것이 거의 없는 채로 바르샤바에 왔다. 나의 '노동요' 목록에서 빠지지 않는 쇼팽이나 어렸을 때 위인전으로 읽은 퀴리 부인도 모두 바르샤바 사람인데, 어째서인지 폴란드의 이미지는 유럽의 다른 나라에 비해 머릿속에 쉽게 그려지지 않았다.

사실 나는 어떤 장소를 처음 방문할 때 그리 많은 조사를 하지는 않는 편이다. 예상치 못한 즐거움을 즉석에서 발견하고 필요한 정보를 채집하는 재미를 따라올 것은 없기 때문이다. 예술작품을 감상할 때도 작품과 먼저 교감한 뒤 마련된 캡션을 읽는다. 이번 여행을 위해 준비한 건 십수 년 전 구입한 유럽 여행 가이드북 정도였다. 폴란드 파트만 쭉 찢어서 가지고 왔는데, 폴란드의 지리와 역사, 에티켓이나 간단한 일상 회화 정도를 참고하기 위해서였다. 그러나 가이드북이 추천하는 여행 코스는 내가 진짜 흥미를 느끼는 곳과는 아무래도 거리가 좀 있다. 보편적인 경험과 '한 끗 다른' 나만의 이야기를 중요하게 여기는 사람에게 이른바 관광지 위주의 여행은 어딘가 아쉬운 법이다.

나의 '한 끗'을 위해 찾아간 서점은 쇼팽 야외 콘서트가 열리는 와지엔키 공원Łazienki Królewskie으로 향하는 길에 있다. 한적한 우야즈두프 거리Aleje Ujazdowskie를 걷다 보면 그림 액자가 진열된 쇼윈도를 지나게 되는데, 그냥 지나쳐서는 안 된다. 얼핏 고미술 매장처럼 보이는 그곳이 바로 코스모스 서점이기때문이다.

"진 도브리Dzień dobry!"

폴란드어로 인사를 건네며 서점 문을 밀어 열었다. 어설프게나마 자국어로 인사를 건네면 겉보기에 무뚝뚝해 보이는

사람들도 한층 표정이 풀어지니 몇 마디 더 익혀봐야겠다고 생각했다. 매장에 들어서자 내부를 가로지르는 긴 테이블에 먼저 시선이 간다. 빼곡이 테이블을 채운 것은 모두 잡지! 많고 많은 서점을 다녀봤지만 잡지 비율이 이렇게 압도적으로 높은 곳은 처음이다. '잡지라니. 여기서 네가 나올 줄이야….' 벌써부터 심장이 나대기 시작한다.

가장 먼저 눈에 들어온 잡지는 〈티이야tyija〉. 두꺼운 명조체 제호와 표지 일러스트가 강렬하다. 폴란드어로 'ty'는 너, 'i'는 그리고, 'ja'는 나를 뜻하니 '너와 나'라는 의미를 담은 제호이다. 표지 디자이너는 젤레크Zelek 폰트를 개발한 것으로도 유명한 폴란드의 그래픽디자이너 브로니스와프 젤레크Bronisław Zelek, 1935-2018이다. 히치콕의 영화 〈새〉의 폴란드판 포스터를 디자인한 사람이기도 하다.

가까이에서 살펴본 〈티이야〉는 커다란 물음표와 느낌표가 지구를 연상하게 하는 일러스트로 표현돼 있다. 이처럼 타이포와 일러스트를 각기 구성하지 않고 하나의 극적인 이미지로 결합해 컨셉을 드러내는 것이 젤레크 디자인의 특징이기도 하다. 좋은 자료를 보자 디자인과 학생으로 돌아간 듯 자료 욕심이 솟기 시작했다. '이거이거, 오늘 큰손 한번 돼봐?' 장바구니에 넣을까 말까 고민하는데 마침 매장을 살피러 나온 사장님과 마주쳤다. 지금까지 내가 만나본 서점 사장님 중 가장 젊은 듯하다. 그런 그가 어떻게 이 서점을 운영하게 되었는지 궁금해 말을 걸었다.

"이 서점은 언제부터 있었나요?

혹시 사장님도 가업을 잇고 계신가요?"

"네. 무척 오래된 서점이죠. 무려 소비에트 시절에도 있었거든요. 제 아버지가 1990년에 여길 인수하셨고, 지금은 제가 운영하고 있죠. 여기 걸어둔 게 옛날 간판이에요."

그가 손으로 가리킨 곳에 붉은색 간판이 높이 걸려 있다. 사장님의 아버지가 가게를 인수하면서 본인의 이름인 아담 야키미아크Adam Jakimiak를 붙인 것이 현재의 서점 상호이다.

"그런데 잡지가 유독 많이 보이네요. 이 정도로 많은 곳은 처음이에요. 운영자의 취향이 반영된 결과인가요?"

"하하하. 그렇게 보일 수도 있겠군요. 사실은 이곳에 물건을 팔러 온 손님 중 잡지 수집가가 많기 때문이에요."

"아하. 손님의 취향이 서점의 도서 목록을 구성한 셈이네요? 그나저나 폴란드는 잡지를 정말 많이 발행했나 봐요!"

"지금도 많지만 전쟁 전에는 훨씬 많은 잡지가 있었죠. 500여 종이나 되었

으니까요. 오히려 냉전 시대가 되면서 정부에서 잡지 종수를 줄여버렸어요. 그래도 우리 서점은 꽤 여러 종류의 잡지를 보유하고 있는 편이에요."

"500여 종이라니! 규모가 대단했군요! 그런데 종수도 놀랍지만 디자인이나 일러스트도 뛰어나요. 어쩌면 이렇게 하나같이 개성 있고 과감한 디자인을 할 수 있었던 걸까요?"

"그래야 독자의 관심을 끄니까요. 소비에트 시절의 인쇄물은 선전선동의 전형이었죠. 이런 잡지에다 가진 역량을 쏟아부었으니 아름다울 수밖에요. 눈에 띄고 아름다울수록 파급력이 생기지 않겠어요?"

그의 이야기를 들으며 나도 모르게 고개를 끄덕였다. 그리고 희미하게 알고 있는 폴란드 역사의 복잡한 맥락을 떠올

렸다. 역사적으로 한국과 바르샤바는 닮은 부분이 많다. 바르샤바는 폴란드가 주권 국가로서 존재하지 않던 시절 제정러시아의 지배하에 놓여 있었고, 제2차 세계대전 중에는 유럽의 격전지가 되었다. 전쟁이 끝난 뒤 재건기에도 인쇄기는 쉬지 않고 돌아갔으니, 정치뿐만 아니라 예술, 라이프스타일, 패션, 건축과 조경에 이르기까지 무수한 분야에서 잡지가 만들어진 것이다. 무엇이 그 일을 가능하게 했을까?

내가 잡지 디자인에 흥미를 보이자 사장님은 나를 위해

연신 창고를 오가며 수십 권의 책 보따리를 풀어놓았다. 진열대에도 놓여 있지 않은 그래픽디자인 잡지들이다. 한 권씩 펼쳐보자 책의 앞뒤 지면을 넓게 활용한 일러스트가 나타났다. 워낙 그림 보는 것을 좋아하는 데다 일러스트가 책자에 녹아드는 방식에 관심이 많은 나는 한 권 한 권 펼칠 때마다 손뼉을 치며 고주파를 뿜어냈다. 리액션 좋은 손님을 만나 사장님도 조금 기뻤나 보다. 이미 펼쳐놓은 잡지를 다 보기도 전에 다시 창고로 들어가 또 다른 잡지 보따리를 가지고 오니 말이다. 그런 그를 보며 생각했다. '아무리 매입한 물건에 잡지 비율이 높았다 해도, 아버지의 일을 이어받은 것이라 해도 이분 역시 대단한 '잡지 덕후'가 아닐까?' 그렇지 않고서야 이렇게 잡지 동호회 회장처럼 신이 나서 한참을 이야기할 수는 없지 않겠는가.

서점의 책을 전부 보여줄 기세로 책을 나르던 사장님은 이것으로도 성에 차지 않았는지 이번에는 영화제나 극장의 팸플릿을 모아둔 스크랩북을 가지고 왔다. 거기에는 지금은 사라진 소련 영화제Festiwal Filmów Radzieckich의 카탈로그 모음도 있는데, 상영 프로그램을 보니 체제를 선전하고 교육하기 위한 군대 영화가 대부분이다. 이 행사가 사회주의 체제 선전의 장이었음을 짐작할 수 있는 부분은 또 있는데, 1951년에 개최된 카탈로그에 레닌과 스탈린의 모습 옆에 스탈린의 인사말이 인쇄되어 있었다.

영화 촬영술은 대중에게 정신적 영향을 끼칠 만한 요소가 있습니다. 이는 노동계급과 그 정당이 노동자를 사회주의 정신으로 교육하고, 사회주의를 위한 투쟁의 방향으로 대중을 조직하고, 그들의 문화와 정치적 투쟁력을 높이는 데 도움이 됩니다. (…) 당국은 창작자들이 모든 예술 가운데 (레닌이 말한 바) "가장 중요하고" 가장 대중적인 새로운 영역, 즉 영화에 대담하게 침투할 것을 기대합니다.

서점 한쪽에는 잡지 발행연도와 매체명을 메모지에 표기해 수납한 책장이 있다. 어림잡아도 수천 권인 데다 표지가 포장지로 감싸져 있어 볼 수도 없다. 가장 많은 정보를 담고 있는 표지를 볼 수 없으니 어디서부터 어떻게 봐야 할지 막막하다. 나는 그 앞에 서서 작게 한숨을 쉬며 중얼거렸다. "싹 다 '낑겨' 있군." 책장을 정리하던 직원분이 나를 돌아보며 편하게 살펴봐도 된다고 했다. 하지만 책처럼 제본이 튼튼한 것도 아닌 데다 신문처럼 접은 16쪽짜리 종이가 찢어지기라도 하면…. 나는 고민 끝에 내게 익숙한 연도부터 보기로 했다.

책장 아래 쭈그리고 앉아 진땀을 흘리며 깊숙이 '낑겨' 있

는 '1982년 〈필름FILM〉'이라는 꾸러미를 조심스레 끄집어냈다. 1년치를 묶어둔 리본을 풀고 표지를 감싼 습자지를 열자 나타난 것은… 와우, 아름다운 여인! 누굴까, 표지를 장식한 이 사람은? 사장님 말씀으로는 폴란드의 배우라는데, 화가

르누아르가 보았다면 당장 그림 모델이 되어달라고 청했을 법한 청초한 매력이 있다. 다음 잡지로 넘어가니 이번엔 당돌하게 눈을 맞추는 '센 캐릭터'가 나타났다. 마찬가지로 폴란드의 배우라는데, 앞선 표지 모델과는 상반되는 매력이다. 어떤 잡지를 골라야 하나 고민하다 두 권을 액자에 넣어 작업실에 나란히 놓아두는 상상을 해보았다. 폴란드가 동네 편의점도 아니고 뒤늦게 사고 싶다 한들 냅다 뛰어올 수도 없으니… 나중에 후회하지 말고 두 권 모두 사자. 이번에는 또 다른 영화

잡지 〈키노KINO〉를 꺼내보았다. 발랄한 제호 디자인과 형광 색조 덕에 〈필름〉과는 사뭇 다른 분위기를 뿜냈다. 〈키노〉 역시 배우를 커버스토리로 내세웠지만, 간혹 영화 스틸컷을 쓴 것도 있었다. 두 잡지를 나란히 놓고 비교해보니 서로 다른 스타일의 영화잡지 〈씨네21〉과 〈필름2.0〉을 번갈아 읽던 예전의 기억이 떠올랐다.

〈필름〉은 1946년에 창간된 영화 전문지인데, 극장에서 배포된 무가지로 시작됐다. 2013년 6월 마지막 호를 발행한 후 온라인으로 전환되었다. 67년간 2536호가 종이 잡지로 발행되었고, 그중 22년치 분량인 492건이 디지털화되었다. 폴란드 영화연구소Polish Film Institute의 지원을 받아 과월호를 아카이빙하고 있는데 filmopedia.org, 워낙 오래된 자료를 정리하는 작업인지라 과월호를 보관 중인 독자를 수소문하고 있다.

서점 한구석에 붙박이장마냥 서서 얼마나 정신없이 본 걸까. 그새 네 시간이 훌쩍 흘렀다. 맙소사, 정신과 시간의 방이 따로 없구나! 구경하던 잡지를 원래 자리로 돌려놓고 결제

를 기다리는 동안 궁금했던 것을 물어보았다.

"혹시 마리 퀴리와 관련된 책도 있나요?"

"마리아 스크워도프스카-퀴리Maria Skłodowska-Curie 말씀인가요?"

우리에게 '퀴리 부인'으로 더 알려진 마리 퀴리의 정식 이름은 마리아 스크워도프스카-퀴리. 스크워도프스카는 폴란드인의 정체성을 담은 이름이다. 하지만 인물 전기는 이곳의 주요 취급품이 아닌지라 한동안 도서 목록을 확인하던 직원이 그에 관한 책은 없다고 알려주었다. 그런데 때마침 다시 나타난 사장님이 내가 찾는 책에 대한 이야기를 듣더니 밖으로 휙 나간다. 그리고 잠시 후 돌아와 내 쪽은 거의 보지도 않은 채 '오다 주웠다'는 듯 무언가 건네는 게 아닌가?

"가지세요!"

그가 건넨 책은 마리 퀴리의 딸 이브 퀴리가 쓴 《마리 퀴리Marie Curie》(1937)였다.

"이걸 그냥 주시겠다고요?"

당황한 나를 보며 사장님과 직원은 그저 환하게 웃을 뿐 다른 말이 없다.

생각지도 못한 선물을 받고 보니 그들이 나에게 준 것은 그저 책 한 권이 아니라 폴란드인의 자부심이라는 생각이 문득 들었다. 마리아 스크워도프스카-퀴리가 새로운 원소를 발견하고 조국 폴란드의 이름을 기리며 '폴로늄'이라 명명하는 장면을 책에서 읽고 폴란드라는 나라를 처음 알았다고, 그 전기를 읽었을 때 나는 초등학생이었고 그 이야기를 무척 좋아했다는 말과 함께 그들에게 감사 인사를 전했다.

아는 것 하나 없이 왔지만, 이제 폴란드를 생각하면 떠오르는 이미지가 여럿 생겼다. 특히 코스모스 서점에서 머물던 마법 같은 시간은 잡지의 여러 챕터를 넘기는 것만큼이나 다이내믹했다. 폴란드의 역사 속에서 대대적인 잡지의 시대를 목격한 일, 영화와 디자인에서의 프로파간다, 그리고 퀴리 부인에 이르기까지. 마치 〈폴란드〉 특집호를 읽은 기분이다. 내 눈을 번쩍 뜨이게 한 2024년 8월, 빛나는 여름호.

코스모스 서점Warszawski Antykwariat Naukowy KOSMOS Adam Jakimiak
Al. Ujazdowskie 16, 00-478 Warszawa, 폴란드
월-금: 11:00-19:00 / 토: 11:00-15:00 / 일: 휴무
wankosmos.pl

Warszawa

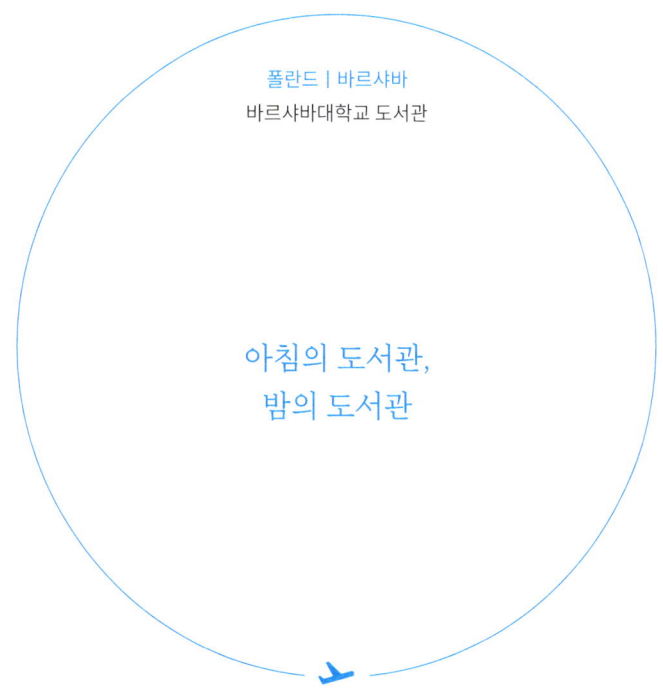

폴란드 | 바르샤바
바르샤바대학교 도서관

아침의 도서관,
밤의 도서관

    여행하는 동안에도 평일에는 대부분 본업인 디자인 작업에 열중한다. 그래서 현지에 도착하면 가장 먼저 하는 일이 안정적인 작업 환경을 마련하는 것이다. 바르샤바에서도 일하기 좋은 카페나 오피스가 있는지부터 알아보았다. 그중 숙소에서 5분 거리에 있으며 외국인에게도 개방된 바르샤바대학교 도서관이 최적의 장소라고 판단했다.

    바르샤바대학교 도서관은 이름에서 알 수 있듯 운영 주

체가 바르샤바대학교이다. 그래서 처음엔 학구적인 분위기에 장서 또한 학술서 중심이 아닐까 하고 넘겨짚었다. 한동안 엄숙한 분위기에서 일하게 되려나?

도서관으로 '출근'하는 첫날. 길 끄트머리에 초록빛 건물이 보이는데, 도서관이라기엔 꽤 튀는 외양이다. 대게를 파는 식당에 집채만 한 모형 게가 걸려 있듯, 책 모양을 본떠 만든

8개의 입면체가 건물의 파사드를 장식하고 있다. 각 입면체는 가로 4미터, 세로 7미터에 달하는 크기로, 책의 한 페이지를 옮겨놓은 듯 무언가 잔뜩 새겨져 있다. 고대 그리스어로 적힌 플라톤의 《파이드로스$\Phi\alpha\tilde{\iota}\delta\rho o\varsigma$》와 산스크리트어로 적힌 인도의 문헌 〈리그베다 ऋग्वेद〉 옆에 히브리어와 아랍어, 악보와 수학 공식이 새겨진 것도 보인다. $\pi=3.141592\cdots$ 예체능계를 고통스럽게 하는 수학이다!

    외부를 한 바퀴 돌아본 다음 내부로 향했다. 바르샤바대학교의 학생이 아닌 경우 도서관 카드를 발급받아야 출입할 수 있다. 건물 입구의 등록처에서 신분증(여권)을 제시하고 폴란드화 20즈워티(2024년 기준 약 7,500원)를 지불하면 1년간 사용할 수 있는 카드가 즉석에서 발급된다. 이렇게 이름과 즉석 사진이 프린트된 카드를 받으면, 원래 기능과는 거리가 멀지만 여행을 기념할 물건이 생긴 것 같아 왠지 기쁘다. 사람들이 여행지에서 사온 마그넷을 보며 그곳을 추억하듯, 나는 도서관 카드를 보며 그곳에서 보낸 시간을 떠올리곤 한다.

    열람실에 가기 전에 먼저 가보고 싶은 곳이 있었다. 나는 '옥상정원 Uniwersyteckie Ogrody'이라고 적힌 안내 표시를 따라 로비를 가로질러 밖으로 나갔다. 바르샤바의 조경 건축가 이

레나 바예르스카Irena Bajerska가 설계한 외부 정원이 아름답다는 이야기를 어디선가 읽은 터였다. 산책로를 천천히 걷는 어르신들과 민속춤을 배우는 학생들, 돗자리를 깔고 누워 햇볕을 쬐는 커플을 바라보는 동안 이방인인 내게도 짧은 쉼표의 시간이 찾아왔다. 인공 수로를 흐르는 참방참방 물소리를 들으며 외부 계단을 오르니 금세 옥상에 다다랐다. 옥상정원에 들어서자 야트막한 언덕과 잔디밭이 펼쳐진다. 그저 옥상정원이라 부르기엔 전체 면적이 3천 제곱미터가 넘는다! '이 정도 규모면 정원이 아니라 농사를 지어야 하는 것이 아닐까?' 땅덩이가 조그마한 나라에서 온 나는 그런 생각을 하며 연신 감탄했다. 하얀 솜이 삐죽 튀어나온 목화와 휘청이는 갈대, 내가 이름과 모양을 알고 있는 몇몇 꽃과 허브를 바라본다. 식물들이 바람결에 흔들릴 때마다 쌉싸름한 허브향이 코끝에 맴돈다. 좋아하는 향을 따라 킁킁대며 걷다 보면 폴란드에서 가장 긴 강인 비스와 강Wisła과 마주하게 된다. 강의 폭이나 주변 풍경이 상암동 하늘공원에서 바라보는 한강이랑 무척 닮았다. 공중에서의 한갓진 시간을 즐기고 계단을 내려가는데, 어째 하산하는 기분마저 든다.

　　잠시 머리를 식히려는 학생뿐만 아니라 지역 주민과 관광객에게도 사랑받는 이 녹색 공간은 입장료가 없다. 도서관 열람실에 앉아 있다 보면, 옥상정원을 찾는 여행객을 자주 볼

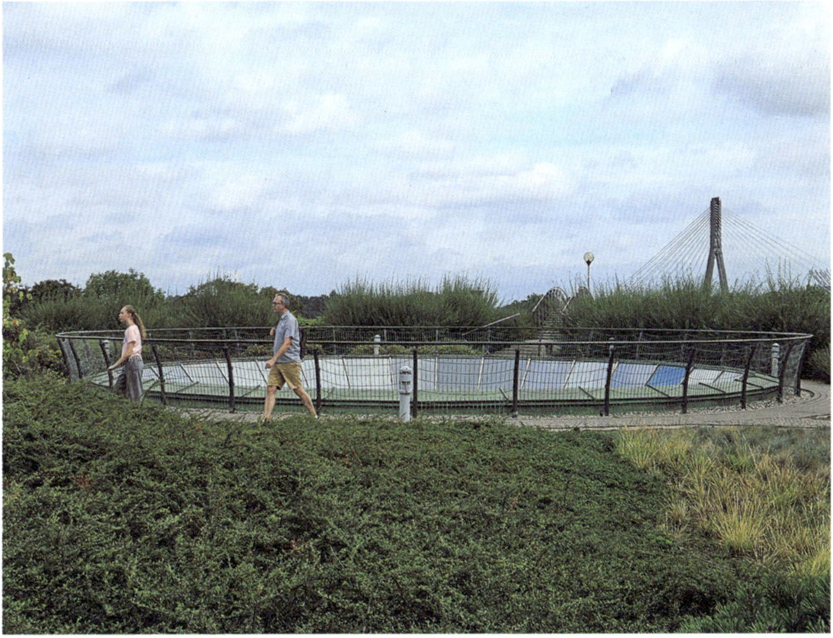

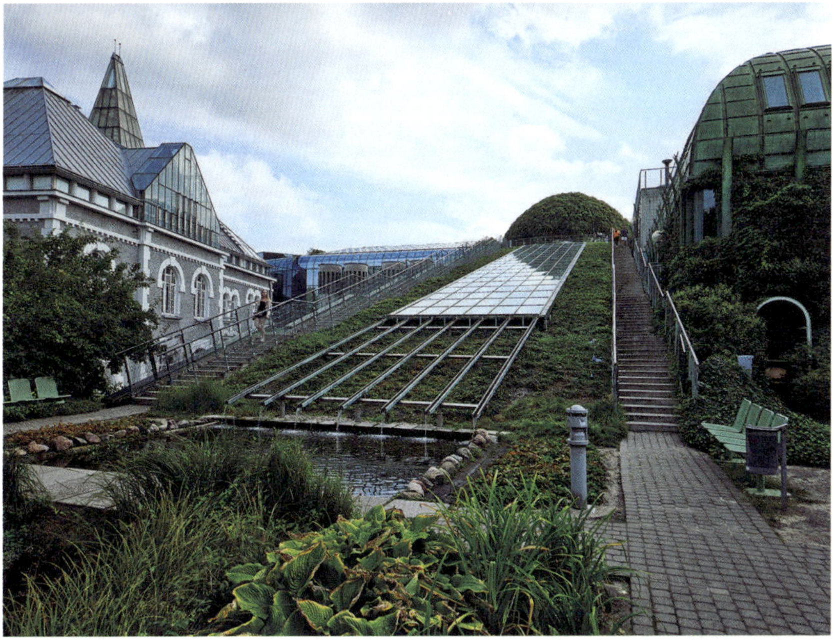

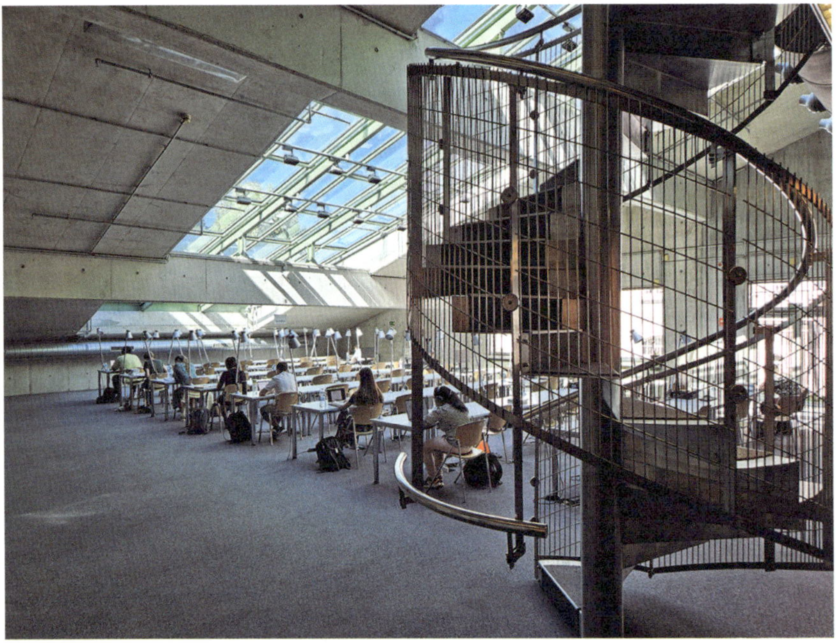

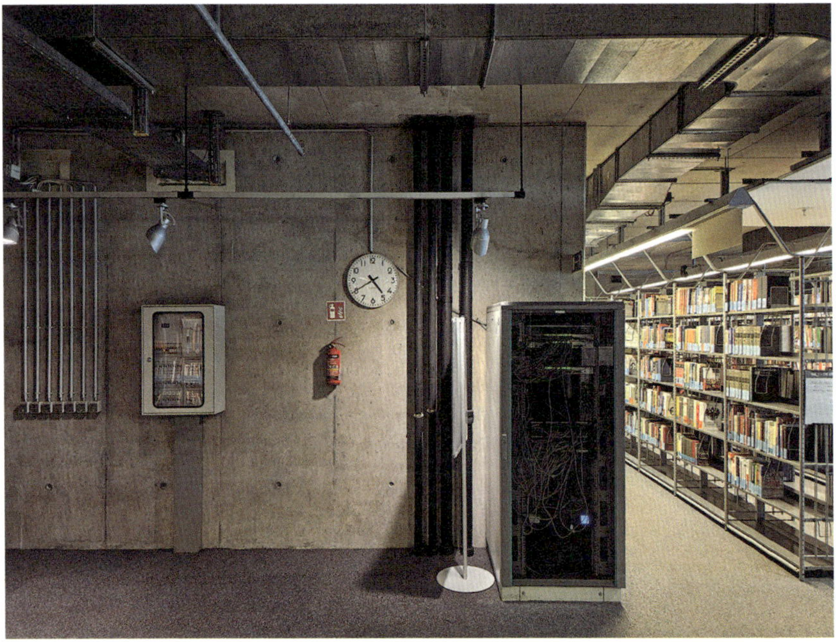

수 있다. 멀리서 본 도서관은 온통 초록색 건물에 초록색 식물이라 식물원에 가까워 보인다. 도서관 속 정원인지 정원 속 도서관인지 구분이 모호한데, 도서관 옥상에서는 식물을 키우고 도서관 내에서는 사람을 키우는 걸까? 양쪽 다 무럭무럭 자라나기를!

옥상정원의 초록빛 생기를 받아 한껏 명랑해진 기분으로 열람실에 들어서니 여긴 온통 그레이와 실버, 메탈릭이 가득해 마치 미래의 도서관 같다. 포인트 컬러가 없다 보니 자칫 건조하게 느껴질 수 있지만, 다양한 질감의 외장재를 고루 사용하고 톤의 강약을 조절해 전혀 지루해지지 않는다. 이 침착한 회색빛 변주와 하모니가 아주 마음에 든다. 그 외에도 책장의 위치를 안내하는 대형 걸개, 각 층을 연결하는 나선형 내부 계단, 군더더기 없는 테이블과 조명까지 어느 것 하나 튀거나 거슬리는 것이 없다. 내부 컨셉이 노출형 마감이라 배기통이나 함석 후드, 전선이 모두 겉으로 드러나 있지만, 지저분하게 느껴질 만한 것은 하나도 없다. 깐깐하게 열을 맞춰 선 정리를 했다. 이 간결한 디자인이 화장실이나 엘리베이터에서도 유지된다. 이토록 일관된 컨셉과 완성도를 보이는 건물은 참 드문데, 심지어 도서관이라니!

도서관 열람실에서 특별히 마음에 든 것은 1층 로비의 어떤 '가구'이다. 로비에 들어서면 양옆으로 거대한 가구가 도열해 있는데, 이것의 정체는 바로 도서목록카드함이다. 통상적인 도서목록카드함의 틀은 그대로이지만, 전통적인 목재 대신 메탈과 아크릴로 만들어 낯설어 보이기도 한다. 현대적인 건축에 어울리는 형태로 재해석한 덕분에 도서관의 오랜 상징인 이 가구도 이질감 없이 새로운 세상에 녹아들어 있다. 나는 수많은 서랍 중 하나를 열어보았다. 몇십 년 전 수기로 작성되었을 도서목록카드들이 그대로 들어 있다. 그러다 불현듯 이 서랍에서 아는 사람의 이름을 찾아보고 싶어졌다. 인터넷 검색창으로 몇 초 만에 찾는 정보가 아닌, 손을 부지런히 놀려서 찾은 그 이름, '마리아 스크워도프스카-퀴리'! 카드에 적힌 그의 이름과 무수히 많은 책을 보며 '내적 친밀감'이 한 겹 더 쌓인다.

이제 본격적으로 책이 있는 공간을 살펴보려고 문학 서가로 향하는데, 실내등이 모두 꺼져 있어 어두컴컴하다. 들어가면 안 되는 곳인가 싶어 돌아 나오려는데, 내가 움직이는 방향으로 조명이 하나 둘 점등되기 시작했다. 센서가 사람에 반응해 자동으로 불이 켜지는 절전 시스템이었다. 이처럼 조명이 꺼진 공간도 많은 데다 컬러감이 없는 실내가 칙칙하지 않을까 싶지만, 해를 머금은 아침의 도서관은 꽤나 환하다. 천장이 통유리로 되어 있어 자연 채광을 활용하기 때문이다. 자리

에 앉아 일하다가 한번씩 고개를 들면 하늘이 보인다. 날씨가 화창한지, 비가 오는지, 구름이 지나가는지 훤히 알 수 있으니 일기예보가 따로 없다. 회색 구름이 내려앉은 흐린 날은 도서관도 어둑어둑하다. 그런데 오히려 좋다. 자연 채광이라는 게 전기 절약 차원도 있겠지만 자연을 실시간으로 느끼게 한다는 점에서 정서적인 환기도 일어나는 모양이다. 단 하루도 똑같지 않은, 매일매일 달라지는 날씨에 따라 실시간으로 바뀌는 분위기라니, 참 매력적이다.

매일 아침 10시가 되면 중앙 로비가 훤히 내려다보이는

2층 발코니의 책상으로 향한다. 그곳에서 종일 일을 하다가 머리를 식히고 싶어지면 바로 옆 책장에 손을 뻗어 책을 꺼내 본다. 대부분 폴란드어라 읽을 수는 없지만, 그중에도 분명 관심을 끄는 책이 있다. 책을 펼쳐 본문의 구성을 살피다가 흥미가 생기면 번역기를 통해 내용을 대강 훑기도 한다. 일하다 허리가 아프다 싶으면 자리에서 일어나 열람실을 한 바퀴 돈다. 어떤 날은 예술 서가에서, 또 어떤 날은 잡지 서가에서 신간을 탐색한다. 자리로 돌아오는 내 손에는 욕심껏 챙긴 책이 한가득이다.

　　서가를 지날 때면 의외의 볼거리를 발견하기도 한다. 책등은 책의 전체 면적에서 차지하는 비중이 적다. 좁고 기다란 면에 파격적인 디자인을 시도하기도 쉽지 않다. 대부분의 책은 1센티미터에서 3센티미터 사이의 두께로, 제목과 저자 이름, 출판사 로고 등의 기본 정보를 넣고 표지의 디자인을 함축해 담아낸다. 하지만 발행 종수가 많은 전집이라면 이야기가 달라진다. 개별 책등은 얇지만, 전권이 나란히 꽂힐 경우 책등의 면적도 자연히 넓어지기 때문이다. 한 권의 두께는 3센티미터라도 열 권이 모이면 30센티미터가 되고, 여러 권을 합친

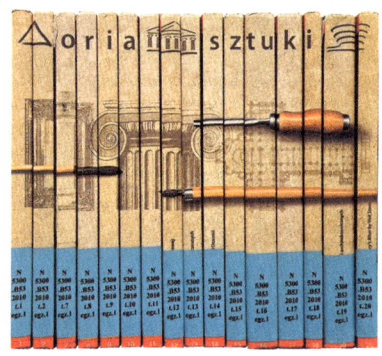

면적을 하나의 책등으로 보면 재미있는 디자인적 시도를 할 수 있다. 좁은 책등이 빼곡한 서가를 지나다가도 예상치 못한 순간 그림 액자처럼 '짜잔' 하고 나타나는 넓은 책등을 보게 되면, 우와! 하고 걸음을 멈춰 서게 된다. 책의 물성을 깊이 이해하고 프로젝트를 수행한 디자이너에게 박수를 보내고 싶다.

여행 일정을 짤 때면 마지막 하루를 꼭 비워두곤 한다. 방문했던 곳 중 가장 좋았던 장소에서 온전히 하루를 보내기 위

해서이다. 바르샤바에 꽤 오래 머물렀지만 가보지 않은 곳이 여전히 많았다. 높이 237미터라는 문화과학궁전은 이 도시의 아이콘 같은 곳인데, 몇 번이나 그 앞을 지나다녔음에도 아직 전망대에 올라가보지 못했다. 어디 가서 '바르샤바 좀 가봤다'고 하려면 거길 가봐야 할까? 고민이 되었지만, 나는 결국 매일 출근 도장을 찍은 도서관에서 마지막 하루를 보내기로 했다. 도서관에 머무는 날이 쌓일수록 온전히 책만 들여다보고 싶은 열망이 커졌기 때문이다. 이대로 돌아가기에는 멋진 책

이 너무 많다. 본업에 집중하느라 온전히 책 볼 시간이 부족했던 것도 내내 아쉬웠다. 그러니 이른 아침부터 도서관이 문을 닫는 저녁 9시까지 머물며 최대한 많은 책을 눈에 담아도 좋지 않을까.

도서관에서의 마지막 날. 바르샤바를 떠나는 것보다 도서관과의 작별이 더 아쉽다. 여느 때처럼 아침 일찍 출근했지만, 오늘은 정기간행물 서가로 직행했다. 방대한 양의 잡지와 신문으로 채워진 진열대를 보자 입이 다물어지지 않았다. 코스모스 서점 사장님이 말한 '잡지 500종'의 위력을 실감하는 순간이다.

　온갖 종류의 잡지를 쌓아놓고 원 없이 읽다가 어느새 푸른 밤이 내려앉은 도서관을 물끄러미 바라보았다.

　어둡고 고요한 밤의 도서관. 그동안 저녁 6시에 '칼퇴근'을 하느라 보지 못한 풍경이다. 낮 시간의 밝음만큼 밤의 어둠 또한 자연스럽다. 어두워진 도서관에 앉아 서울의 내 방을 생각했다. 저녁 9시 무렵이면 나는 방 안의 모든 불빛을 간접조명으로 바꾼다. 낮에는 밝게, 밤에는 적당히 어둡게 지내는 것이 자연스럽다고 생각해서이다. 어둑하고 아늑한 공간에서 낮과는 조금 다른 상태의 마음을 보듬고 종일 많은 것을 보느라 지친 눈을 쉬게 해준다.

　비로소 만난 밤의 도서관이 눈부시게 밝지 않아서, 요란하지 않아서 더 마음에 든다. 가만가만한 이 풍경을 아주 오래도록 기억하고 싶다.

바르샤바대학교 도서관 Biblioteka Uniwersytecka w Warszawie, BUW
Dobra 56/66, 00-312 Warszawa, 폴란드
도서관 월-토: 09:00-21:00 / 일(정보 센터만 운영): 15:00-16:00
옥상정원 4월, 10월: 08:00-18:00 / 5월-9월: 08:00-20:00
　　　　11월-3월: 이용 불가
국경일에는 문을 닫기도 하므로 방문 전 확인이 필요하다.
buw.uw.edu.pl

촬영과 인터뷰, 콘텐츠 수록을 허락해주신
서점 사장님과 아티스트 여러분께 감사드립니다.

I would like to thank the booksellers and artists for their permission to take photographs, conduct interviews, and use the resulting materials.

책의 계절

1쇄 찍은날 2025년 6월 4일
1쇄 펴낸날 2025년 6월 23일

글과 사진	정지현
디렉터	이승희
디자인	즐거운생활

펴낸곳	버터북스
출판등록	제2020-000039호
주소	서울시 성북구 정릉로 305 104-1109
이메일	butterbooks@naver.com
인스타그램	@butter__books
페이스북	butterNbooks
ISBN	979-11-91803-44-0 03980
	책값은 뒤표지에 있습니다.

ⓒ 정지현, 2025

이 책은 저작권법에 의해 보호를 받는 저작물이므로 무단 전재와 복제를 금합니다. 이 책 내용의 전부 또는 일부를 사용하려면 반드시 저작권자와 버터북스의 동의를 받아야 합니다.

버터북스는 '내 친구의 서재'의 임프린트입니다.

잘못된 책은 구입하신 서점에서 바꾸어드립니다.